MIX
Papier aus verantwortungsvollen Quellen
Paper from responsible sources
FSC® C105338

Annemarie Fajardo

Die (Un-)Attraktivität des Pflegeberufes in Deutschland und der Einfluss der Führungskräfte

Diplomica Verlag GmbH

Fajardo, Annemarie: Die (Un-)Attraktivität des Pflegeberufes in Deutschland und der Einfluss der Führungskräfte, Hamburg, Diplomica Verlag GmbH 2013

Buch-ISBN: 978-3-8428-8812-8
PDF-eBook-ISBN: 978-3-8428-3812-3
Druck/Herstellung: Diplomica® Verlag GmbH, Hamburg, 2013

Bibliografische Information der Deutschen Nationalbibliothek:
Die Deutsche Nationalbibliothek verzeichnet diese Publikation in der Deutschen Nationalbibliografie; detaillierte bibliografische Daten sind im Internet über http://dnb.d-nb.de abrufbar.

Das Werk einschließlich aller seiner Teile ist urheberrechtlich geschützt. Jede Verwertung außerhalb der Grenzen des Urheberrechtsgesetzes ist ohne Zustimmung des Verlages unzulässig und strafbar. Dies gilt insbesondere für Vervielfältigungen, Übersetzungen, Mikroverfilmungen und die Einspeicherung und Bearbeitung in elektronischen Systemen.

Die Wiedergabe von Gebrauchsnamen, Handelsnamen, Warenbezeichnungen usw. in diesem Werk berechtigt auch ohne besondere Kennzeichnung nicht zu der Annahme, dass solche Namen im Sinne der Warenzeichen- und Markenschutz-Gesetzgebung als frei zu betrachten wären und daher von jedermann benutzt werden dürften.

Die Informationen in diesem Werk wurden mit Sorgfalt erarbeitet. Dennoch können Fehler nicht vollständig ausgeschlossen werden und die Diplomica Verlag GmbH, die Autoren oder Übersetzer übernehmen keine juristische Verantwortung oder irgendeine Haftung für evtl. verbliebene fehlerhafte Angaben und deren Folgen.

Alle Rechte vorbehalten

© Diplomica Verlag GmbH
Hermannstal 119k, 22119 Hamburg
http://www.diplomica-verlag.de, Hamburg 2013
Printed in Germany

Inhaltsverzeichnis

INHALTSVERZEICHNIS 1

ABKÜRZUNGSVERZEICHNIS 3

ABBILDUNGSVERZEICHNIS 5

HINWEIS 7

1   EINLEITUNG 7

1.1   *Derzeitige Ausgangssituation der Pflege in Deutschland* 8

1.2   *Demographischer Wandel und wirtschaftlicher Kostendruck* 9

1.3   *Ursachen des Nachwuchskräftemangels* 13

1.4   *Attraktivität des Pflegeberufes in Deutschland – eine Utopie?* . 16

2   HISTORIE DES PFLEGEBERUFES 17

2.1   *Gründung und Etablierung der Pflege in Deutschland* 18

2.2   *Gründung und Etablierung der Pflege in den USA* 20

2.3   *Gründung und Etablierung der Pflege in der Schweiz* 24

2.4   *Gemeinsamkeiten und Unterschiede dieser drei Länder* 26

2.5   *Veränderungen für Deutschland mit Fokus auf die amerikanische Geschichte der Pflege* 28

3   AKADEMISIERUNG DES PFLEGEBERUFES 31

3.1   *Entwicklungen der Studiengänge in der Pflege* 31

3.2   *Akademisierung im Ausland und was Deutschland noch lernen kann* 32

3.3   *Das deutsche Ausbildungssystem* 34

3.4   *Perspektiven für studierte Pflegekräfte* 35

4   ATTRAKTIVITÄT DES PFLEGEBERUFES 38

4.1   *Pflege oder Medizin – eine Gegenüberstellung* 39

4.2   *Pflege im Schatten der Medizin* 41
    4.2.1   Pflegekräfte als Handlanger der Ärzte 43
    4.2.2   Mehr Attraktivität durch bessere Bezahlung 44

4.2.3 Auswirkungen der DRGs 47

4.3 Die Rahmenbedingungen der Pflege 49

5 DIE ROLLE DER FÜHRUNGSKRÄFTE 51

5.1 Führung in der Pflege 51

5.2 Rollenkonflikte im Krankenhaus 52

5.3 Berufsstände Verwaltung, Pflege, Medizin 53
5.3.1 Führungskompetenzen des oberen Managements 55
5.3.2 Gesundheitsförderung durch Leitungskräfte 56

6 ZUKUNFT DER PFLEGE IN DEUTSCHLAND 59

6.1 Weitere Entwicklung des Pflegeberufes 60
6.1.1 Änderung des Rollenbildes der Pflegekraft 61
6.1.2 Änderung des Rollenbildes der Führungskraft in der Pflege 62
6.1.3 Der moderne Führungsstil 64

6.2 Politische Rahmenbedingungen 65
6.2.1 Zusammenschlüsse der Berufsverbände 66
6.2.2 Einführung einer Pflegekammer 68
6.2.3 Aufgaben einer Pflegekammer 69

6.3 Möglichkeiten der Arbeitgeber zur Attraktivitätssteigerung 71

6.4 Verantwortung der Arbeitgeber 72

7 EMPFEHLUNGEN UND FAZIT 74

7.1 Einfluss der Pflegekräfte 74

7.2 Öffentlichkeitsarbeit für den Pflegeberuf 75

LITERATURVERZEICHNIS 77

ANHANG 87

Abkürzungsverzeichnis

Abb.	Abbildung
ADS	Arbeitsgemeinschaft christlicher Schwesternverbände und Pflegeorganisationen in Deutschland e.V.
AVG	AnbieterVerband qualitätsorientierter Gesundheitseinrichtungen e.V.
BA	Bundesausschuss der Lehrerinnen und Lehrer für Pflegeberufe e.V.
BALK	Verband Bundesarbeitsgemeinschaft Leitender Pflegepersonen e.V.
BeKD	Berufsverband Kinderkrankenpflege Deutschland e.V.
BFLK	Bundesfachvereinigung Leitender Krankenpflegepersonen der Psychiatrie e.V.
BGW	Bundesgenossenschaft für Gesundheitsdienst und Wohlfahrtspflege
bspw.	beispielsweise
BVG	Bundesverband Geriatrie
BVPM	Bundesverband Pflegemanagement
bzgl.	bezüglich
bzw.	beziehungsweise
ca.	circa
DBfK	Deutscher Berufsverband für Pflegeberufe
DGF	Deutsche Gesellschaft für Fachkrankenpflege und Funktionsdienste e.V.
DHV	Deutscher Hebammenverband e.V.
dip	Deutsches Institut für Pflegewissenschaft e.V.
DPR	Deutscher Pflegerat e.V.
DPV	Deutscher Pflegeverband
DRG	Diagnosis Related Groups
DVLAB	Deutscher Verband der Leitungskräfte von Alten- und Behinderteneinrichtungen e.V.
EFN	European Federation of Nurses Association
e.V.	Eingetragener Verein
ggf.	gegebenenfalls

ICN	International Council of Nurses
IfD	Institut für Demoskopie Allensbach
n. Chr.	Nach Christus
OECD	Organisation For Economic Cooperation And Development
s.a.	siehe auch
SRK	Schweizerisches Rotes Kreuz
u.a.	unter anderem
USA	United States of America
usw.	und so weiter
VdS	Verband der Schwesternschaften vom DRK e.V.
VfAP	Verband für Anthroposophische Pflege e.V.
VHD	Vereinigung der Hygienefachkräfte der Bundesrepublik Deutschland e.V.
VPU	Verband der PflegedirektorInnen der Universitätskliniken e.V.
z.B.	zum Beispiel

Abbildungsverzeichnis

Abb. 1 Anzahl der im Gesundheitswesen Tätigen (Angabe in 1000) – Quelle: gbe-bund.de 10

Abb. 2 Vollstationäre Fälle (einschl. Stundenfälle) je Vollkraft in Allgemeinkrankenhäusern. Veränderung gegenüber 1991. – Quelle: Statistisches Bundesamt; eigene Berechnung. 13

Abb. 3 Entwicklung Vollkräfte im Pflegedienst in allgemeinen Krankenhäusern 1995 bis 2010 in Prozent - Quelle: dip 2012: 15. 47

Abb. 4 Von den "Burgen" zu den "Flüssen" in der Klinik – Quelle: Töpfer, Großekatthöfer 2006: 119. 55

Abb. 5 Entwicklungspfade des Personalmanagements – Quelle: Achenbach 2003: 264. 73

Abb. 6 Pflegeausbildung in der EU. – Quelle: Hanika 2012: 697. 88

Abb. 7 Arbeitslos / gemeldete Arbeitsstellen Krankenpflege Dezember 2011 in Absolutangaben – Quelle: dip 2012: 20. 89

Hinweis

Aus Gründen der besseren Lesbarkeit und der vereinfachten Beschreibung wird bei der Bezeichnung von Personen die männliche Schreibweise angewandt, wobei diese jeweils Personen weiblichen und männlichen Geschlechts bezeichnet.

1 Einleitung

Immer wieder ist in den Medien zu lesen, wie sehr der Pflegeberuf unter dem Mangel an Nachwuchskräften leidet (vgl. DBfK 2008; vgl. Focus Online 2013). Ein zentraler Aspekt für die Entstehung des Nachwuchskräftemangels ist der demographische Wandel, der dazu führt, dass es generell immer weniger Nachwuchs in unserer Gesellschaft gibt (vgl. BGW 2009: 8). Gleichzeitig steigt die Anzahl der pflegebedürftigen Menschen, die bereits jetzt schon an dem Mangel an Pflegekräften in stationären Pflegeeinrichtungen[1] leiden. Was hat diese Thematik mit der Fragestellung eines attraktiven Pflegeberufes gemein? – Grundsätzlich liegt die Vermutung nahe, dass ohne eine attraktive Ausgestaltung des Pflegeberufes eine Rekrutierung von jungen Personen, unmittelbar nach Beendigung ihrer Schullaufbahn, für die Tätigkeit in einem Pflegeberuf kaum möglich ist. Viele andere Berufsbranchen kämpfen ebenfalls um junge Nachwuchskräfte, sei es in der Industrie, im Handel oder in der Gastronomie (vgl. Handelsblatt 27.06.2011). Die Berufsgruppe der Pflege wird sich Nachwuchskräfte zukünftig mit anderen Branchen teilen müssen (vgl. Handelsblatt 27.06.2011). Um allerdings ein Ausbleiben des Nachwuchses in der Pflege zu vermeiden und eine Imageverbesserung des Pflegeberufes zu erzielen, müssen Lösungswege bzw. Verbesserungsmaßnahmen gefunden und auch umgesetzt werden. In diesem Zusammenhang stehen primär Personen in der Pflicht, die professionell in dieser Berufssparte tätig sind. Vor allem trifft dies jedoch auf Personen in Leitungspositionen und Repräsentanten zu.

---

[1] Im Rahmen dieser Untersuchung bezeichnet die Begrifflichkeit der stationären Pflegeeinrichtungen sowohl stationäre Altenpflegeeinrichtungen als auch Krankenhäuser.

Das vorliegende Buch beleuchtet die Entstehungsgeschichte der Pflege und die hiermit verbundene (Un-)Attraktivität des Pflegeberufes in Deutschland sowie vergleichsweise in anderen potentiell interessierenden Ländern. Darüber hinaus werden Lösungsansätze zur Verbesserung des Berufsbildes herausgearbeitet. Die zentrale These, die diesem Buch zugrunde liegt ist, dass durch eine Attraktivitätssteigerung des pflegerischen Berufsbildes die Nachwuchsrekrutierung im pflegerischen Sektor positiv beeinflusst werden kann.

Ziel dieser Untersuchung ist es aufzuzeigen, dass durch bestimmte Maßnahmen der Führungskräfte innerhalb der pflegerischen Berufsgruppe die Attraktivität des Pflegeberufes positiv beeinflussbar ist und somit langfristig gesehen zu einer Senkung des Fachkräftemangels und einer Qualitätsverbesserung der Patientenversorgung beigetragen werden kann. Darüber hinaus werden in diesem Buch die Herangehensweise sowie die erforderliche Methodik zur Umsetzung der Maßnahmen abgebildet. Insbesondere aufgrund des demographischen Wandels, der zunehmenden Pflegebedürftigkeit sowie der sinkenden Geburtenraten, sollte von allen Beteiligten eine Attraktivitätssteigerung des Pflegeberufes angestrebt werden (vgl. Abschnitt 1.1).

1.1 Derzeitige Ausgangssituation der Pflege in Deutschland

Bereits heutzutage kann davon ausgegangen werden, dass in Deutschland wesentlich mehr pflegebedürftige Personen als aktuell berufstätige Pflegekräfte vorhanden sind (vgl. Fricke 2013: 1). Der Mangel an Pflege- und Pflegefachkräften ist schon längst in aller Munde. So schreibt „Die Schwester Der Pfleger" über einen seit 60 Jahren anhaltenden Pflegenotstand in der Bundesrepublik Deutschland (vgl. Jacobs 2012; vgl. BGW 2009: 10). Auch die Arbeitsverdichtung bzw. die Arbeitsbelastung in der Pflege ist in den vergangenen Jahren aufgrund von Mittelknappheit und aufgrund des demographischen Wandels erheblich angestiegen (vgl. Marckmann 2005: 179 ff.). Der Pflegekräftemangel ist im Grunde genommen ein bis dato bundesweit ungelöstes Problem. Es finden sich sehr viele Fachartikel zu diesem Thema und ebenso auch sehr viele Kongresse, auf denen sich Fachexperten zu Themen wie bspw. Personalmangel in der Pflege und Versorgungsproblematik von Pflegebedürftigen austauschen (vgl. Fricke 2013: 1). Die langersehnte Umsetzung von effektiven Maßnahmen, wie z.B. die Etablierung einer Pflegekammer oder die Einrichtung einer Pflegegewerkschaft, blieb bisher aus (s.a. Abschnitt 6.2.1). Obwohl Pflege die größte Berufsgruppe im Gesundheitswesen darstellt, konnte sie sich bislang nicht richtig gegenüber den anderen Berufsgruppen positionieren (vgl. Sperl 1996: 12). Im Vergleich zur Pflege hat sich zum Beispiel die Ärzteschaft im Jahr 2005 mit ihrer eigenen Gewerkschaft, dem Marburger Bund, sehr vorbildlich organisiert (vgl. Newscode 2011). Offensichtlich muss die Berufsgruppe der Pflege noch reifen, erwachsener werden und vor allen Dingen mutiger (vgl. Fricke 2013: 1). Zudem müsste die Pflege ihre eigene Machtposition realisieren und hieraus Potential schöpfen (vgl. Tagesspiegel 2011).

1.2 Demographischer Wandel und wirtschaftlicher Kostendruck

Mit den Begrifflichkeiten Pflegenotstand und Nachwuchsmangel in der Pflege wird häufig der demographische Wandel assoziiert. Der demographische Wandel wird dadurch verursacht, dass die Anzahl der Pflegebedürftigen einerseits zunimmt und andererseits die Geburtenrate in Deutschland kontinuierlich abnimmt (vgl. Statistische Ämter des Bundes und der Länder 2010: 5). Diesen strukturellen gesellschaftlichen Veränderungen steht bereits heute eine große Personengruppe von pflegebedürftigen Menschen gegenüber. Aktuell sind insgesamt 2,5 Millionen Bundesbürger im Sinne des SGB XI pflegebedürftig, wovon 1,76 Millionen Pflegebedürftige im häuslichen Umfeld und 743000 Menschen in stationären Altenpflegeeinrichtungen vollstationär betreut und versorgt werden (vgl. Statistisches Bundesamt 2013: 5). Im Vergleich zu den Vorjahren ist in diesem Zusammenhang eine steigende Tendenz zu verzeichnen (vgl. Statistische Ämter des Bundes und der Länder 2010: 12). Vergleicht man die aktuellen Zahlen mit denen aus dem Jahr 1999, so ist die Zahl der zu Versorgenden in den Heimen um 32,0 % gestiegen. Im ambulanten Bereich stieg die Zahl der Pflegebedürftigen um 38,8 % (vgl. Statistisches Bundesamt 2013: 7). Auf Basis dieser Daten kann davon ausgegangen werden, dass gleichzeitig auch der Bedarf an Nachwuchspflegekräften gestiegen ist. Insgesamt waren im Jahre 2011 von den 4,9 Millionen Beschäftigten im Gesundheitswesen 2,8 Millionen Menschen in einem Pflegeberuf tätig (vgl. Gesundheitsberichterstattung des Bundes 2013). So lässt sich anhand entsprechender statistischer Daten erkennen, dass die Anzahl der Beschäftigten im Gesundheitswesen in den letzten 11 Jahren um 805.000 Beschäftigte gestiegen ist (vgl. Abb. 1). Ebenso ist auch die Anzahl der in der Pflege Tätigen um 560.000 Beschäftigte gestiegen (vgl. Abb. 1). Die Vermutung liegt nahe, dass dies mit dem steigenden Bedarf an Pflegekräften zusammenhängt. Demnach sind mit 2,8 Millionen in der Pflege beschäftigten Menschen, mehr Pflegende vorhanden als pflegebedürftige Menschen zu versorgen sind.

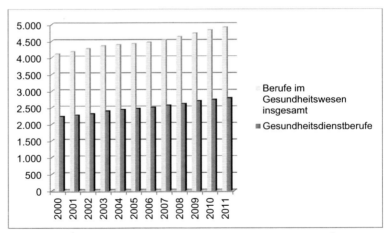

Abb. 1 Anzahl der im Gesundheitswesen Tätigen (Angabe in 1000)[2] – Quelle: gbe-bund.de

---

[2] Die Tabelle wurde am 10.02.2013 17:19 Uhr unter www.gbe-bund.de erstellt. Online in Internet: „URL: http://www.gbe-bund.de/oowa921-install/servlet/oowa/aw92/
dboowasys921.xwdevkit/xwd_init?gbe.isgbetol/
xs_start_neu/&p_aid=i&p_aid=3925136&nummer=85&p_sprache=D&p_indsp=-&p_aid=13374021 [Stand: 10.02.2013].

Auf den ersten Blick scheint diese Aussage allerdings **nicht** mit den rückläufigen Zahlen an Pflegekräften übereinzustimmen, insbesondere den Nachwuchsmangel betreffend. Die Ursache der stark gestiegenen Anzahl an Beschäftigten im Gesundheitswesen liegt allerdings insbesondere darin begründet, dass in den letzten Jahren Umwandlungen von Voll- in Teilzeitbeschäftigungen durchgeführt wurden (vgl. Simon 2011: 238; vgl. dip 2012: 14; vgl. Schroeter 2006: 63). Hierbei ist die Anzahl an Pflegekräften in stationären Altenpflegeeinrichtungen stark angestiegen, während die Anzahl der Pflegekräfte in Krankenhäusern rückläufig ist. Die Anzahl der Vollbeschäftigten insgesamt ist ebenfalls rückläufig (vgl. Simon 2011: 238).

Ein wesentlicher Faktor für den Personalabbau im Pflegebereich der Krankenhäuser ist der steigende Kostendruck in den bundesdeutschen Krankenhäusern, insbesondere beim ärztlichen Krankenhauspersonal. So sind die Personalkosten im pflegerischen Bereich der Krankenhäuser im Zeitraum von 2002 bis 2010 um 5,86 % gestiegen. Innerhalb des gleichen Zeitraums ist ein Anstieg der Personalkosten im ärztlichen Bereich um 52,47 % zu verzeichnen (vgl. dip 2012: 13 f.). Es ergibt sich somit eine Differenz von 46,61 % zwischen dem Anstieg der Personalkosten im pflegerischen Bereich und dem im ärztlichen Bereich. Die Ärzteschaft begründet diesen deutlichen Anstieg der Personalkosten mit „einer Leistungssteigerung und einer notwendigen Anpassung an die europäischen Arbeitszeitrichtlinien (…)" (dip 2012: 13). Im Jahre 2010 haben sich die Ausgaben im ärztlichen Bereich in Höhe von 13.390.817 € den Ausgaben des pflegerischen Dienstes in Höhe von 13.879.315 € fast angeglichen (vgl. dip 2012: 14). Während die Anzahl der Vollbeschäftigten im ärztlichen Dienst innerhalb der letzten 15 Jahre um 31,82 % stieg, sank sie im pflegerischen Bereich, bezogen auf den gleichen Zeitraum, um 13,20 %. Zeitgleich stieg die Zahl der zu versorgenden Patienten in den Krankenhäusern insgesamt um 11,82 % an (vgl. Statistische Ämter des Bundes und der Länder 2010: 7). Schlussfolgernd ist somit von einer gestiegenen Arbeitsbelastung innerhalb des pflegerischen Sektors auszugehen. Eine Entlastung auf

Seiten des pflegerischen Personals ist bisher ausgeblieben (vgl. dip 2012: 15). Die oberhalb angeführten Daten deuten darauf hin, dass die Unterschiede zwischen der pflegerischen und ärztlichen Berufsgruppe stetig wachsen, zumal die Einführung der DRGs im Jahre 2004 dies noch verschärft hat (vgl. dip 2012: 16; vgl. Simon 2007: 64; s.a. Abschnitt 4.2.3).

Vor dem Hintergrund der Systematik des DRG-Systems kann die ärztliche Berufsgruppe aus ökonomischer Sicht als primärer Leistungserbringer bzw. wertschöpfender Faktor gesehen werden. Pflegerische Leistungen spielen im DRG-System hingegen eine untergeordnete Rolle, da pflegerische Leistungen dort bislang unzureichend abgebildet sind. Da die durch Krankenhäuser erwirtschafteten Erlöse nunmehr kaum durch eine Leistungsveränderung hinsichtlich pflegerischer Intervention beeinflussbar sind, besteht aus ökonomischer Sicht der Anreiz, in diesem Bereich Personalkosten durch Stellenabbau zu reduzieren (vgl. Kußmaul, Vater 2011: 34 f.). Ein Stellenabbau in der Pflege war allerdings bereits vor Etablierung des DRG-Systems zu verzeichnen (vgl. Isfort, Weidner 2009: 81). Aufgrund dieser Entwicklung ist es wenig verwunderlich, dass die Arbeitsbelastung im pflegerischen Sektor in der Vergangenheit deutlich angestiegen ist und vermutlich auch weiterhin zunimmt (vgl. Simon 2007: 82 f.).

Abbildung 2 verdeutlicht die deutliche Belastungssteigerung pro Vollkraft in Allgemeinkrankenhäusern innerhalb der letzten Jahre. So waren es im Jahr 2005, verglichen mit dem Ausgangsjahr 1991, bereits 22,0% mehr vollstationäre Fälle, die pro Vollkraft im Pflegedienst versorgt wurden. Im ärztlichen Dienst hingegen war während des Erfassungszeitraums keine deutliche Zunahme der Fallversorgung je Vollkraft zu verzeichnen. Ab dem Jahr 2003 kann auf Basis der vorliegenden Daten sogar von einem Rückgang der Fallversorgung je Vollkraft und somit der Arbeitsbelastung im ärztlichen Sektor ausgegangen werden. Es liegt auf der Hand, dass durch zunehmende Arbeitsbelastung die Attraktivität des Berufsbildes der Pflege sinkt.

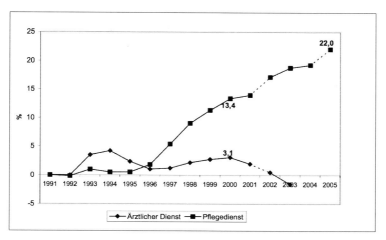

Abb. 2 Vollstationäre Fälle (einschl. Stundenfälle) je Vollkraft in Allgemeinkrankenhäusern. Veränderung gegenüber 1991. – Quelle: Statistisches Bundesamt; eigene Berechnung.[3]

Eine weitere Konsequenz des zu Beginn dieses Abschnittes bereits angeführten Phänomens des demographischen Wandels ist, dass dieser auch Auswirkungen auf das Alter der Erwerbstätigen in der Pflege hat. Das durchschnittliche Alter der Pflegekräfte insgesamt weist einen deutlichen Anstieg auf, was die Vermutung nahelegt, dass diese Personengruppe der älteren Pflegenden den steigenden Belastungen im beruflichen Alltag nicht mehr dauerhaft und langfristig standhalten kann (vgl. Frerichs 2009: 58). Es ist davon auszugehen, dass nicht nur aufgrund des starken Geburtenrückgangs in Deutschland Nachwuchskräfte in der Pflege ausbleiben werden, sondern aufgrund dieser Veränderungen der Altersstruktur innerhalb der pflegerischen Berufsgruppe viele Pflegekräfte wegen Arbeitsunfähigkeiten frühzeitig aus dem Pflegeberuf ausscheiden werden (vgl. Frerichs 2009: 58 f.).

1.3 Ursachen des Nachwuchskräftemangels

Zukünftig werden immer mehr potentielle Bewerber für Pflegeberufe aufgrund des Geburtenrückgangs, aber vor allen Dingen auch aufgrund schlechter werdender Arbeitsbedingungen in diesem Beruf aus-

---

[3] Simon 2007: 83

bleiben (vgl. Simon 2011: 246). Deutlich wird der Nachwuchsmangel auch an der Abnahme der zu besetzenden Ausbildungsplätze (vgl. dip 2002: 26). Ebenso ist die Anzahl an Bewerbungen auf offene Stellen deutlich zurückgegangen (vgl. dip 2002: 19).

Auch wenn in den letzten zehn Jahren sowohl die Anzahl der Gesundheits- und Kinderkrankenpflegenden um 1.528 als auch die der Gesundheits- und Krankenpflegenden um 34.463 angestiegen ist, müssen die Krankenhäuser heute umso mehr Nachwuchspersonal aus allen Bereichen anwerben (vgl. dip 2012: 19). Hierbei ist allerdings zu beachten, die „Zahl[en] der arbeitslos gemeldeten Pflegefachkräfte und die Zahl[en] der als offen gemeldeten Stellen in den jeweiligen Bundesländern" gegenüberzustellen (dip 2012: 19). Bei einer Sichtung dieser Daten wird deutlich, dass in allen Bundesländern bis auf Mecklenburg-Vorpommern, Thüringen und Berlin, deutlich weniger arbeitslos gemeldete Pflegefachkräfte als offene Stellen zu verzeichnen sind (vgl. Abb. 7). Demnach kann davon ausgegangen werden, dass die Krankenhäuser allein aufgrund dieses Faktors zukünftig deutliche Schwierigkeiten bei der Besetzung offener Stellen haben werden.

Um einen wichtigen Aspekt der Entstehung des Nachwuchsmangels herauszuarbeiten, erscheint es sinnvoll, den Zeitpunkt der Berufsauswahl von jungen Schülern näher zu betrachten. Bezieht man sich auf eine Studie der Universität Bremen, so beginnt die Auswahl eines Berufes zum Ende der Schulzeit hin mit der Beratung und Begleitung von Eltern, Lehrern, Freunden und Berufsberatern (vgl. Universität Bremen 2010: 5; 28; 34). In diesem Zusammenhang gehört der Pflegeberuf aufgrund seines Images eher zu den **„Out-Berufen"** (vgl. Universität Bremen 2010: 18 ff., Herv. d. Verf.). Insbesondere der Beruf der Altenpflege wird neben den Berufen des Sektors „Müll und Reinigung" sowie den Verwaltungsberufen zu den „Out-Berufen" gezählt. Hierbei ist der Vergleich zwischen den befragten Schülern und deren Eltern hinsichtlich der Einschätzung des Altenpflegeberufes interessant. Während seitens der Eltern der Altenpflegeberuf für ihr Kind eher als ungeeignet eingeschätzt wurde, lehnten die Kinder einen Eintritt in diese

Berufssparte weitaus weniger ab (vgl. Universität Bremen 2010: 20). Generell ist festzuhalten, dass Berufe, „die mit Tod zu tun haben" oder mit „Dreck und Blut" assoziiert werden, häufig auf Ablehnung stoßen (Universität Bremen 2010: 19). Hierbei wird der Beruf der Krankenpflege mit den Berufen des Fleischers und mit Tätigkeiten im Lagerbereich verglichen, da diese Berufe mit einer oftmals schweren körperlichen Belastung einhergehen (vgl. Universität Bremen 2010: 19). Der Studie zufolge können sich besonders Jungen **nicht** für den Pflegeberuf begeistern. Im Gegensatz hierzu zeigen Mädchen häufiger eine Affinität gegenüber einem sozialen Beruf (vgl. Universität Bremen 2010: 24; 26). Diese Problematik kann als zusätzlich erschwerender Faktor für die Rekrutierung junger Nachwuchskräfte innerhalb des Pflegesektors gesehen werden, da Jungen bereits vor Beendigung ihrer Schullaufbahn aus dem Kreis potentieller Nachwuchskräfte herausfallen (vgl. Landenberger et al. 2005: 69).

Festzuhalten ist, dass die Meinung der Eltern entscheidenden Einfluss auf die Berufsauswahl ihrer Kinder ausübt. So würden „71,5% der Schüler/innen .. [die] Vorschläge ihrer Eltern zur Wahl eines Berufes annehmen" (Universität Bremen 2010: 34). Somit fällt insbesondere ins Gewicht, dass nur 4,4 % der Eltern ihren Kindern eine Ausbildung zum Gesundheits- und Krankenpfleger sowie nur 1,5 % eine Ausbildung als Altenpfleger empfehlen würden (vgl. Universität Bremen 2010: 33).

Dieser Punkt ist als ein ursächlicher Faktor des Nachwuchsmangels zu sehen. Um hier langfristig gesehen entsprechende Veränderungen herbeiführen zu können, muss in den Elternhäusern, bei den Berufsberatern in den Arbeitsagenturen sowie den Lehrkräften der öffentlichen Schulen angesetzt werden. Die öffentliche Wahrnehmung des Pflegeberufes scheint sich derzeit primär auf negative Aspekte zu beschränken. Dies spiegelt sich auch in der Berichterstattung innerhalb der bundesdeutschen Medien wieder, die sich in den letzten Jahren hinsichtlich der pflegerischen Berufsgruppe primär auf die Darstellung von öffentlichkeitswirksamen Skandalen konzentrierte (vgl. Grender 2012).

1.4 Attraktivität des Pflegeberufes in Deutschland – eine Utopie?

Wie in Abschnitt 1.3 herausgearbeitet, hat der pflegerische Beruf aus Sicht potentieller Nachwuchskräfte ein vergleichsweise schlechtes Image und wird aufgrund der stark fokussierten vermeintlich negativen Seiten des Pflegeberufes mit Berufen wie dem des Fleischers oder Lagerarbeiters verglichen. Die Universität Bremen empfiehlt deshalb, anhand der erhobenen Daten aus 2010, die Altenpflege bspw. als einen Beruf zu sehen, in dem „auch kreative Neigungen und Interessen von Pflegekräften realisiert werden könnten" (Universität Bremen 2010: 27). Zu erwähnen sind aber auch die mittlerweile zahlreichen Qualifizierungsmöglichkeiten, wie bspw. die bereits heutzutage in mannigfaltiger Form vorhandenen Studiengänge innerhalb des Berufszweiges Pflege (vgl. Universität Bremen 2010: 27). Eine Verbesserung des Berufsbildes der Pflege ist also durchaus möglich. Es ist nur eine Frage der gewählten Perspektive – eine Sichtweise auf die positiven Seiten dieses Berufsbildes würde helfen.

In den nachfolgenden Kapiteln wird analysiert, wie das oberhalb erwähnte Image in Deutschland entstehen konnte und inwiefern diesbezügliche Unterschiede im Vergleich zu anderen Ländern vorhanden sind.

2 Historie des Pflegeberufes

Im Allgemeinen ist anzunehmen, dass vielen Mitarbeitern des Gesundheitswesens, und innerhalb dieser Personengruppe vor allem Mitarbeitern aus ambulanten und stationären Pflegeeinrichtungen, bekannt sein sollte, dass in einigen anderen Ländern bessere berufliche Konditionen für sowohl Pflegekräfte als auch für Ärzte vorhanden sind. Viele in das Ausland emigrierte Pflegekräfte oder auch Ärzte berichten nicht allzu selten von besserer Bezahlung, weniger Überstunden und höherem gesellschaftlichem Ansehen. Ein wichtiger Faktor für die anders gewichtete Anerkennung des Pflegeberufes im Ausland ist die im Vergleich zu Deutschland unterschiedliche Zugangsvoraussetzung zum Pflegeberuf. Während hierzulande lediglich der Schulabschluss der 10. Klasse als generelle Zugangsvoraussetzung definiert ist, sind in vielen anderen Ländern deutlich höhere Voraussetzungen vorhanden (vgl. Abb. 6). Das negative Image der Pflege in Deutschland hat seinen Ursprung also nicht nur, wie eingangs erwähnt, in der selektiven Wahrnehmung von negativen Aspekten des Pflegeberufes, sondern auch in politisch bestimmten Rahmenbedingungen. Um das negative Image von Pflegeberufen in Deutschland verstehen zu können, muss die Entstehungsgeschichte dieses Berufsbildes analysiert werden (vgl. Lauber 2012: 27).

Die Entstehungsgeschichte der Pflege hat ihren Ursprung im Zeitalter der Antike (vgl. Lauber 2012: 25; 28). In der Antike entstanden „Worte wie Anatomie, Psychologie, Ethik und Technik" (Lauber 2012: 28). Die Begrifflichkeiten der Pflege und der Heilkunde etablierten sich in erster Linie im antiken Griechenland und im römischen Reich (vgl. Lauber 2012: 28). Allerdings dauerte es noch bis 700 v. Chr. bis ein Verständnis dafür entwickelt wurde, dass Krankheit von Gesundheit unterschieden werden kann (vgl. Lauber 2012: 29).

2.1 Gründung und Etablierung der Pflege in Deutschland

Mit der Legalisierung und der entsprechenden Ausbreitung des Christentums im Mittelalter wuchs auch das Verständnis für die Versorgung von Kranken. Bei der Versorgung von Kranken ging es derzeit primär um einen Akt der Nächstenliebe. Hieraus erwuchs auch der Begriff der Caritas, womit so viel wie die christliche Nächstenliebe gemeint ist, „die die Pflege am Nächsten als Dienst an Gott ansieht" (Lauber 2012: 28; vgl. Schwarz 2009: 77). Ebenso gingen mit der Ausbreitung des Christentums auch Klosterbauten und die Versorgung von chronisch Kranken und Armen durch Ordensleute, also Mönchen und Nonnen, einher (vgl. Lauber 2012: 32 f.). Im Allgemeinen wurde im Mittelalter von der sogenannten Klostermedizin gesprochen, obwohl neben den in der Pflege tätigen Ordensleuten bereits die Heilberufe der „Hebammen, Bader und Chirurgen" etabliert waren (Lauber 2012: 34). Ärzte waren hingegen nicht an der direkten Versorgung von Kranken beteiligt, sie wurden aber als Berater hinzugezogen (vgl. Lauber 2012: 34).

Besonders markant war zu Beginn des Mittelalters die Ordensregel von Benedikt von Nursia, der einen eigenen Orden gründete. So lautete die Grundlage zur Ausführung von Medizin und Pflege, sich zu „Armut, Demut und Ehelosigkeit, Gehorsam gegenüber dem Abt und vor allem unter dem Leitspruch „Ora et labora" (Bete und arbeite) zu praktischer Tätigkeit zum Nutzen des Klosters" zu verpflichten (Lauber 2012: 32). Eine Grundsatzregel der Aufopferung, die bis heute anhält (vgl. Kleinevers 2004: 70). Auch Grundsätze von Hildegard von Bingen wie „Pflege das Leben, wo du es triffst" sprachen dem Berufsbild der Pflege eher Nächstenliebe zu (Lauber 2012: 34). Darüber hinaus ist von einer sogenannten „Liebestätigkeit" die Rede (Kelm 2008: 24; s.a. Abschnitt 4.2.2). Für dieses Berufsbild der Liebestätigkeit sorgte vor allen Dingen die Kirche (vgl. Schwarz 2009: 79). In erster Linie galt es, sich dem Beruf der Pflege aufopferungsvoll hinzugeben und diesen als Berufung zu verstehen (vgl. Schwarz 2009: 82; vgl. Bögemann-Großheim 2011: 9). So waren 11- bis 18-Stunden-Dienste pro Tag üblich. Ebenso war auch ein Verzicht auf Freizeit gewöhnlich, denn Urlaub und arbeitsfreie Tage waren bis in das 19. Jahrhundert gänzlich unbekannt (vgl. Bischoff-Wanner 2000: 28).

Ab dem 19. Jahrhundert etablierte sich der Pflegeberuf immer mehr zu einem Frauenberuf (vgl. Bischoff-Wanner 2000: 17; vgl. Bürki 2008: 113 ff.). Diese Tatsache knüpfte sich an das Rollenbild der Frau sowohl des 19. Jahrhunderts als auch des 21. Jahrhunderts, denn „[d]ie Frau verkörperte Dienen, Opfertum, Emotionalität, Selbstlosigkeit und Gehorsam" (Schwarz 2009: 78). Für die Frauen des 19. Jahrhunderts war es von großer Bedeutung, dass sie einen Beruf ausüben konnten, der ihrer „weiblichen Natur" entsprach (Schwarz 2009: 78). Das grundsätzliche feminine Rollenbild hat sich bis heute scheinbar nicht verändert (vgl. Landenberger et al. 2005: 68). Der Pflegeberuf gilt auch heute noch als einer der größten weiblichen Berufsgruppen in der Bundesrepublik Deutschland (vgl. Schwarz 2009: 76).

Der Pflegeberuf zählte im 19. Jahrhundert zu den sogenannten „stummen [Berufs-]Gruppen". Mit dieser Begrifflichkeit ist gemeint, dass es sich um aufopferungsvolle Pflegekräfte und insbesondere um solche weiblichen Geschlechts gehandelt haben muss, die sich gegen „schlechte" Arbeitsbedingungen nicht gewehrt haben bzw. wehren konnten (vgl. Bischoff-Wanner 2000: 17[4]; 30; vgl. Schwarz 2009: 82). Obwohl es Berufsgruppen wie Ärzte oder gar Verbandsfunktionäre gab, die diese schlechten Arbeitsbedingungen in der Pflege wahrnahmen und auch zum Ausdruck brachten, wehrten sich die „Krankenschwestern" gegen eine mögliche Gleichstellung mit den Proletariern[5] und gegen einen möglichen Verfall der pflegerischen Ideologie (vgl. Bischoff-Wanner 2000: 31 f.; vgl. Schwarz 2009: 82).

Geringe Bezahlung, diskussionswürdige Arbeitsbedingungen, Arbeitslosigkeit und undefinierte Tätigkeitsfelder prägten die Pflege bis in den 1. Weltkrieg hinein (vgl. Lauber 2012: 55). Es sollte noch viele Jahrzehnte dauern, bis aus einem Beruf des Dienens eine Dienstleistung

---
[4] Zit. n. Fritschi 1990: 16
[5] Definition Proletarier: „dauernd und erblich ins Lohnverhältnis gebundene Arbeiter" (Briefs 1980: 223).

werden sollte (vgl. Schwarz 2009: 82 f.; vgl. Robert Bosch Stiftung 1996: 19). So veränderte sich erst während des Bestehens der Weimarer Republik das Berufsbild der Pflege, was mit „Tarifverträge[n], Unfallversicherung[en] und Arbeitszeitregelung[en]" einherging (Schwarz 2009: 83).

Auch während und nach dem 2. Weltkrieg blieben das verinnerlichte Ideal des Dienens sowie die untergeordnete Rolle dem Arzt gegenüber nicht aus (vgl. Lauber 2012: 55; vgl. Schwarz 2009: 84). Aus dem ursprünglich christlichen Leitbild wurde erst dann ein Beruf der Selbstverwirklichung mit professionellem Anspruch, als in den 50er Jahren die ersten Pflegekonzepte mit einem patientenorientierten Ansatz **aus den USA** die Pflege in Deutschland stark beeinflusst hatten (vgl. Schwarz 2009: 84). Obwohl sich die Pflege in den USA erst im späten Mittelalter etablierte, waren die amerikanischen Pflegekräfte am Anfang des 20. Jahrhunderts hinsichtlich ihres pflegerischen Leitbildes offensichtlich fortschrittlicher als hierzulande (vgl. Abschnitt 2.2). Die Pflege entwickelte sich durch den amerikanischen Einfluss immer mehr zu einer ganzheitlichen, am Patienten orientierten Dienstleistung, die auch durch Liliane Juchli[6] in den 80er-Jahren wesentlich mitgeprägt wurde (vgl. Schwarz 2009: 84 ff.).

Eine Akademisierung der Pflege in Deutschland setzte erst zwischen 1989 und 1994 in Hessen ein, allerdings nicht in erster Linie um des gesellschaftlichen Ansehens der Pflege willen, sondern um den Pflegenotstand zu dämpfen (vgl. Grewe, Stahl 2008: 109; vgl. Kapitel 3).

2.2 Gründung und Etablierung der Pflege in den USA

Die Pflege in Nordamerika (ab 1776 USA) etablierte sich erst im 17. Jahrhundert, nachdem europäische Siedler dort Einzug hielten und die ersten Kolonien gegründet wurden (vgl. Judd et al. 2010: 8). So zählten zu den Immigranten deutsche aber auch britische Siedler, welche

---

[6] Liliane Juchli war eine Ordensschwester aus der Schweiz, die „keine eigene Pflegetheorie entwickelt[e]" (Hein 2007: 6). Ihr Pflegemodell basiert auf den Modellen von Roper und Henderson, welche Juchli lediglich „um ihre persönliche, religiös-christliche Sichtweise erweitert[e]" (Budnik 2005: 13). Sie trug jedoch im Wesentlichen dazu bei, dass die amerikanischen Pflegekonzepte, die eine patientenorientierte Ausrichtung hatten, in Deutschland verbreitet werden konnten (vgl. Hein 2007: 6).

die europäischen Werte und Ansichten der Pflege zur damaligen Zeit mit nach Amerika brachten und dort im Laufe der Zeit weiterentwickelten (vgl. Judd et al. 2010: 12). Arme und Kranke sind in Armen- oder Pesthäusern untergebracht worden, um sie von der Öffentlichkeit fernzuhalten (vgl. Judd et al 2010: 8). Der Dreißigjährige Krieg sorgte allerdings dafür, dass viele klösterliche Einrichtungen für Arme und Kranke geschlossen werden mussten, so dass in der Folge viele ungelernte Pflegekräfte die Versorgung der Kranken übernahmen. Hier erfolgte auch die Entwicklung des Pflegeberufes zu einem Frauenberuf[7]. Eine formgemäße Schulung der Pflegekräfte gab es zu jener Zeit nicht und auch das einst christliche Leitbild verschwand in Bälde (vgl. Judd et al 2010: 13 f.). Die ungelernten Pflegekräfte nutzten Kranke häufig zu ihrem eigenen Vorteil aus. Sie ließen sich für den „Liebesdienst" bezahlen, bestahlen die Patienten oder versorgten die Patienten für ein paar alkoholische Getränke (vgl. Judd et al. 2010: 14). Dabei hatte die Rolle der Pflegekraft eigentlich immer etwas Mütterliches an sich, so dass sich daraus die englische Bezeichnung „Nurse"[8] entwickelte (vgl. Basford, Slevin 2003: 106).

Besonders glich die amerikanische Pflege jene der Briten (vgl. Judd et al. 2010: 14; vgl. Sarnecky 1999: 2 f.). Noch vor dem 19. Jahrhundert wurden zwei Krankenhäuser in britischem Stil errichtet, die nicht nur den verwundeten Soldaten, sondern auch der Öffentlichkeit zugänglich gemacht wurden und mit ungeschultem Personal bestückt waren: Das Pennsylvania Hospital in Philadelphia und das New York Hospital im Bundesstaat New York (vgl. Judd et al. 2010: 15 ff.). Die Auswahl dieser Standorte lässt deutlich werden, dass die europäischen Einwanderer über den Atlantik kamen und sich zunächst an der Ostküste von

---

[7] Die Wahrnehmung des Pflegeberufs als ein Frauenberuf begann direkt nach dem Dreißigjährigen Krieg von 1618 – 1648, nachdem viele klösterliche Einrichtungen, die für die Versorgung von Kranken vorgesehen waren, zerstört bzw. geschlossen wurden. Daraus resultierte auch ein Rückgang männlicher Pflegender (meistens Mönche). Übrig blieben Ordensgemeinschaften, die nur für Nonnen zugänglich waren. Seit dieser Zeit waren es hauptsächlich Frauen, die sich um die Armen und Kranken kümmerten. Die Akzeptanz von Männern in der Pflege nahm kontinuierlich ab (vgl. Judd et al. 2010: 13, 16 f.). Wichtig zu erwähnen ist allerdings auch, dass Frauen in Deutschland bis 1899 „weder .. zum Abitur noch zum Universitätsstudium zugelassen waren" (Bürki 2008: 39).
[8] In Amerika stammte die Bezeichnung „Nurse" vom lateinischen Wort „Nutrix" ab, das im Englischen so viel bedeutet wie „ein Kind füttern" *(engl. to nourish)* ab (vgl. Frey, Cooper 1996: 123; vgl. Basavanthappa 2004: 1).

Amerika niederließen. Richtig zum Einsatz kamen die Pflegenden schließlich während des Unabhängigkeitskrieges von 1775 (vgl. Judd et al. 2010: 16; vgl. Sarnecky 1999: 4). George Washington, der spätere erste Präsident der Vereinigten Staaten von Amerika, beauftragte sämtliche Pflegekräfte, sowohl die ungelernten als auch die selbsternannten, mit der Versorgung der verwundeten Soldaten. 1781 endete der Krieg und die Pflegenden kehrten wieder zurück zu ihren Familien ohne eine mögliche Fortsetzung ihrer Tätigkeit oder einer eventuellen Schulung zur professionellen Pflegekraft (vgl. Judd et al. 2010: 16; vgl. D'Antonio 2010: 10).

Die ersten Unterrichtskurse begannen auf Initiative von Joseph Warrington, einem Absolventen der Universität von Pennsylvania, der im Jahre 1839 einen Krankenpflegeverein (Nurse Society of Philadelphia) gründete, um Hebammen auszubilden (vgl. D'Antonio 2010: 10 f.).

In den darauffolgenden Jahren wurden immer mehr Bücher über Medizin und Pflege geschrieben, wie bspw. *The Principles and Practice of Nursing, A Guide to the Inexperience* und *Principles and Practices,* wo unter anderem auch beschrieben wird, dass nicht die Pflegekraft, sondern der jeweilige Arzt über die Handlungen der Pflegekraft entscheidet (vgl. D'Antonio 2010: 11; vgl. Andrist et al. 2006: 25). Pflegekräfte waren hier überwiegend weiblich und die Ärzte meist männlich. Zur damaligen Zeit waren viele Ärzte daran interessiert, möglichst viele Frauen im Fach Pflege zu unterrichten. Zu dieser Personengruppe zählten auch viele Ärztinnen (vgl. D'Antonio 2010: 11 f.). Jedoch waren Ärztinnen unter den Männern nicht in vollem Umfang akzeptiert, denn sie trugen nicht die vermeintlichen Eigenschaften eines Mannes wie bspw. „long experience, and the firmness, the nerve, and even the physical strength [of a man]" (D'Antonio 2010: 13). Eine Ärztin namens Ann Preston sorgte allerdings dafür, dass Pflegekräften sowohl aus den Krankenhäusern als auch aus dem häuslichen Sektor die gleichen Unterrichtsinhalte vermittelt wurden. Darüber hinaus setzte sie sich dafür ein, dass keine Unterschiede zwischen den jeweiligen Gesellschaftsklassen durch ihre männlichen Kollegen gemacht wurden (vgl. D'Antonio 2010: 13).

Männliche Pflegekräfte hingegen waren unter den Frauen genauso wenig akzeptiert wie die weiblichen Ärzte unter den Männern. So wurden sie meist in den Krankenhäusern als ungelernte Pflegekräfte eingesetzt, was hauptsächlich an den weit verbreiteten Idealen von Florence Nightingale[9] lag (vgl. Andrist et al. 2006: 10). Die männlichen Pflegekräfte waren zuständig für „[the] care for insane and violent patients, alcoholics, and men with genitourinary diseases" (Andrist et al. 2006: 10).

In den darauffolgenden Jahrzehnten folgten unzählige Frauenbewegungen, die dafür Sorge trugen, dass Frauen mehr Rechte und Freiheiten bei Eheschließungen und bei dem Erwerb von Arbeit erhielten. Ebenso breiteten sich im 19. Jahrhundert Diskriminierung und Rassismus gegenüber den Afro-Amerikanern und neuen Immigranten aus Russland, Italien, Griechenland und China aus. Dies führte dazu, dass es zu dieser Zeit lediglich „weißen" Frauen erlaubt war, als Pflegekraft tätig zu sein (vgl. Andrist et al. 2006: 8).

Zwischen 1878 und 1900 wuchs die Zahl der Krankenpflegeschulen rapide an, von anfangs 15 auf 432. Die rasche Ausbreitung von Krankenpflegeschulen hing mit dem Wachstum der Krankenhäuser zusammen, das zu jener Zeit exponentiell anstieg. Die Schulen waren darüber hinaus von privaten Spenden sowie von der finanziellen Unterstützung des Krankenhausdirektors abhängig (vgl. Andrist et al. 2006: 9).

Erst ab ca. 1895 stieg die Anzahl der Ausbildungsjahre auf 3 an. Gleichzeitig wurde den Auszubildenden eine 40-Stunden-Woche auferlegt. Von einer niedrigeren Anzahl an Arbeitsstunden pro Woche wurde abgesehen (vgl. Andrist et al. 2006: 10). In diesem Zusammenhang kann der Berufsstand Pflege, aufgrund der immer dominanteren Ärzteschaft, als eine unterdrückte Berufsgruppe bezeichnet werden (vgl. Andrist et al. 2006: 25). Hauptsächlich hatte das eher niedrige Ansehen der Pflegekräfte mit ihrem weiblichen Geschlecht zu tun (vgl. And-

---

[9] Florence Nightingale ist die Gründerin der modernen Pflege. Sie erkannte Mitte des 19. Jahrhunderts die Notwendigkeit einer entsprechenden Schulung der Pflegekräfte, um die Qualität der Patientenversorgung zu erhöhen. Nightingale war die erste Verfechterin der Pflege für eine eigene Profession (vgl. Young et al. 2007: 6).

rist et al. 2006: 26 ff.). Aus diesem gering ausgeprägten Ansehen wollten sich die Pflegekräfte durch akademische Ausbildungen der Stellung der Ärzte anpassen, wie zum Beispiel durch die Etablierung zur „[a]dvanced practice nurse[s]" (Andrist et al. 2006: 25). Durch diese Entwicklung entstanden die ersten akademischen Studiengänge in Amerika bereits am Anfang des 20. Jahrhunderts (vgl. Friesacher 2008: 50). Den ersten Lehrstuhl für Pflege gab es demnach schon 1907 an der Columbia-Universität in New York (vgl. Bischoff-Wanner 2000: 30).

2.3 Gründung und Etablierung der Pflege in der Schweiz

An dieser Stelle des vorliegenden Buches wird die Geschichte der Pflege in der Schweiz näher betrachtet, da viele deutsche Pflegekräfte aufgrund der besseren Arbeitsbedingungen dorthin auswandern (vgl. Schmiegel 2011). Obwohl die Schweiz ein direktes Nachbarland von Deutschland ist, scheint die Entwicklung der Pflege dort anders verlaufen zu sein.

Die Ursprünge der Pflege in der Schweiz lassen sich bis in das 19. Jahrhundert zurückverfolgen. Die erste Pflegeschule wurde ca. im Jahre 1859 in Lausanne errichtet. Vergleichbar mit den katholischen Orden in Deutschland gab es in der Schweiz unzählige Diakonissenhäuser, die allerdings erst im 19. Jahrhundert gegründet wurden (vgl. Bürki 2008: 121). Das erste Diakonissenhaus wurde 1842 im waadtländischen Echallens in der Schweiz eröffnet. In erster Linie dienten die Diakonissenhäuser der Kranken- und der Altenpflege und sollten vor allen Dingen jungen unverheirateten Frauen die Möglichkeit bieten, einen angesehenen Beruf in der Pflege zu erlernen (vgl. Rüegger, Sigrist 2011: 106). Die Schweizer waren wie die Amerikaner bestrebt die Pflege nach dem Vorbild von Florence Nightingale als gesellschaftlich hoch angesehenen Frauenberuf auszurichten (vgl. Bürki 2008: 121)[10]. Bei diesen Bestrebungen traten primär das Schweizerische Rote Kreuz, dem um die Jahrhundertwende herum die Generalverant-

---

[10] Zit. n. Fritschi 2006: 157.

wortung für die Pflegeschulen übertragen wurde, sowie der Schweizerische Gemeinnützige Frauenverein in Erscheinung. Das Schweizerische Rote Kreuz argumentierte im Rahmen von parlamentarischen Debatten mit der Weiblichkeit der Frauen, deren Hände nicht mehr für den Kampf gegen Feinde, sondern vielmehr für die Heilung von Wunden zum Einsatz kommen sollten und hob damit ihre Eignung für den Pflegeberuf hervor (vgl. Bürki 2008: 121 f.). Diese Veränderung des Rollenbildes der Frau hatte große Auswirkungen auf das Ansehen der Pflege, sodass nicht mehr von einem „'Unterschichtprojekt', wie es die Wärtertradition darstellte", die Rede war (Bürki 2008: 122). Für die ungelernten Pflegekräfte gab es mit der Zeit nur noch im Bereich der Psychiatrie Arbeitsplätze (vgl. Bürki 2008: 122).

Während sich die Pflege im 19. Jahrhundert in der Schweiz zu einem reinen Frauenberuf entwickelt hatte, bestand ab den vierziger Jahren des 20. Jahrhunderts auch für Männer die Möglichkeit einen Pflegeberuf zu erlernen. Damit einhergehend wurden auch die ersten Pflegeschulen etabliert, in denen ausschließlich Männer aufgenommen wurden (vgl. Bürki 2008: 122 f.).
Wesentlich zur Gründung von Pflegeschulen beigetragen haben die Schweizerischen Ärzte und Ärztinnen, die auch beim SRK hauptsächlich verantwortlich waren. So erfolgten zu Beginn des 20. Jahrhunderts von Ärzten initiierte Gründungen zahlreicher Pflegerinnenschulen[11] und meist an diese Schulen angeschlossene Kliniken bzw. Krankenstationen (vgl. Bürki 2008: 123). Aufgrund der dominanten Ärzte innerhalb des SRK blieb es dem Berufsstand der Pflege verwehrt, eine vollständige Selbstverwaltung ihrer eigenen Profession zu erzielen (vgl. Bürki 2008: 127). So lehnten 1944 die Ärzte des SRK einen Antrag des Krankenpflegebundes zur „Übertragung der Aufsicht über die Krankenpflegeschulen" ab, obwohl der Ansicht des Krankenpflegebundes nach „die Berufsangehörigen dazu besser in der Lage seien", denn die

---

[11] Hier war die Ausgrenzung von Männern in der Pflege noch sehr stark, so dass die Schulen als „Pflegerinnenschulen" bezeichnet wurden. Die Schulen für Männer in der Schweiz in den 40er-Jahren des 20. Jahrhunderts hatten die Bezeichnung „Pflegerschule" (vgl. Bürki 2008: 122 f.).

„Examenskommission [des SRK bestand] ausschliesslich [!] aus Ärzten" (Bürki 2008: 126). Zeitgleich errichtete das SRK ein Sekretariat für Pflegerinnen, das mit Krankenschwestern besetzt wurde, „um sich um die Belange der Pflegeschulen zu kümmern" (Bürki 2008: 127). Dies verdeutlicht unter anderem, dass das SRK die Verwaltung der Pflegeschulen nicht aus der Hand geben wollte und die Pflege selbst keine Möglichkeit fand, sich von der dominierenden Ärzteschaft loszulösen und eine „völlige[r] Autonomie innerhalb eines Berufsverbandes" zu erreichen (Bürki 2008: 127).

2.4 Gemeinsamkeiten und Unterschiede dieser drei Länder

Sowohl in Deutschland als auch in Amerika und der Schweiz musste die Pflege sich das heutzutage vorhandene gesellschaftliche Ansehen über Jahrhunderte erkämpfen und erarbeiten. Immer wieder kam die Profession der Ärzteschaft dazwischen, da sie aufgrund ihres hohen männlichen Anteils sehr viel dominanter zu sein schien, als die weiblichen Pflegekräfte. Besonders auffällig ist die Rollenverteilung zwischen den Ärzten und den Pflegekräften. Die Ärzte sind der Historie zufolge größtenteils männlich gewesen, die Pflegekräfte hingegen waren größtenteils weiblich. Umso schwieriger war es für die Frauen, aus dem Pflegeberuf eine Profession zu bilden, denn „[d]ie Professionen und das Bürgertum liessen [!] indessen nicht davon ab, den Frauen den Zugang zu den bürgerlichen Professsionen [sic] bis weit ins 20. Jahrhundert hinein erheblich zu erschweren" (Bürki 2008: 45)[12]. Frauen waren in der Gesellschaft des 19. und 20. Jahrhunderts aufgrund ihres Geschlechts „von Bildung und Beruf [ausgeschlossen] und ihre Einschliessung [!] in der bürgerlichen Familie waren ideologische und materielle Voraussetzung für die Durchsetzung der Professionsidee und ihre Realisierung in der männlich bestimmten Kultur des Professionalismus" (Bürki 2008: 45)[13]. Demnach war es für die Ärzte ein Leichtes, sich seit dem Mittelalter entsprechend schnell zu professionalisie-

---

[12] Zit. n. H. Siegrist, 1988b, 37
[13] Zit. n. Rabe-Kleberg 1996: 288

ren. Die Rollenverteilung war somit eindeutig, denn der Mann war aufgrund seines Geschlechts als Arzt tätig und konnte sich entsprechend professionalisieren, da ihm kein Studium oder Beruf verwehrt wurde. Hingegen durfte die Frau aufgrund ihres Geschlechts nicht studieren und wurde schließlich als Pflegende tätig (vgl. Bürki 2008: 115). Sie führte den Beruf aus reiner weiblicher Intuition aus und war entweder verheiratet und kümmerte sich um die Familie oder sie war nicht verheiratet und stattdessen als Pflegekraft tätig, entweder freiberuflich, in einem Orden, oder im Krieg dazu beordert. Hieran wird deutlich, dass das Ansehen eines Berufes grundsätzlich sehr stark von dessen genderspezifischen Ausprägung abhängt. So ist „[m]it der ‚Verweiblichung' eines Berufs .. ein Statusverlust und eine Abwertung von Tätigkeitsmerkmalen zu beobachten, umgekehrt geht die ‚Vermännlichung' einher mit der Aufwertung eines Berufs und einem ‚Statusgewinn' (Bürki 2008: 44)[14]. Deshalb muss noch immer um ein besseres Ansehen in der Pflege gekämpft werden, da dieser Beruf nach wie vor zu einem sehr hohen Anteil aus Frauen besteht (vgl. Landenberger et al. 2005: 68).

Die Professionalisierungsbestrebungen sind in Amerika zügiger vorangeschritten als in allen anderen Ländern, da die Amerikaner ein „säkulare[s] Verständnis von Krankenpflege ... [hatten und] eine frühe Professionalisierung und Akademisierung förderte[n]" (Kremer 2008: 46). In Deutschland hingegen waren das christliche Leitbild und die Kirche prägend für die Pflege, so dass Pflege sich zu einem „‚weiblichen Teil' der Medizin" entwickelte (Kremer 2008: 46). In der Schweiz waren es mehr die dominierenden Ärzte, die sich der Selbstverwaltung der Pflege in den Weg stellten. Deutlich wird aber, dass sowohl in den USA als auch in der Schweiz die Professionalisierungsbestrebungen der Pflege von den Ärzten stärker unterstützt wurden als es in Deutschland der Fall war.

---

[14] Zit. n. Wetterer 1993; Costas 1992; Heintz et al. 1997

2.5 Veränderungen für Deutschland mit Fokus auf die amerikanische Geschichte der Pflege

Im Vergleich zu den USA[15] ist der Pflegeberuf in Deutschland noch längst nicht auf dem Niveau der Amerikaner angekommen, was die Professionalisierung des Pflegeberufes betrifft, denn „[e]rst seit den letzten Jahrzehnten sind Bestrebungen vorhanden, die Krankenpflege [in Deutschland] zu professionalisieren" (Hornung, Lächler 2006: 164). Pflege hat sich hierzulande einfach zu lange der Medizin untergeordnet (vgl. Hornung, Lächler 2006: 163 f.). Heutzutage hat sie immer noch Mühe eine Grenze zwischen sich und der Medizin zu ziehen (vgl. Schliz 2010: 10).

Wie steht es da eigentlich um die Pflege in den USA, wenn die ersten Professionalisierungsversuche bereits zu Beginn des 20. Jahrhunderts in die Wege geleitet wurden? Im Vergleich zu Deutschland gab es in den USA bedeutend weniger Einfluss der Kirche auf die Pflege. Des Weiteren konnte die Pflege in den 50er-Jahren des 20. Jahrhunderts als ein sehr eigenständiger, von der Medizin unabhängiger Beruf etabliert werden (vgl. Schroeter 2006: 57). Die Pflege in Amerika ist bereits im Jahre 1937 „im Lehrplan der Nationalen Liga für Krankenpflegeausbildung ... zur Lehrer[in] und Gesundheitsbeauftragte[n]" deklariert worden (Büker 2009: 133). Heutzutage zählt die Pflege in den USA zu den anerkannten akademischen Disziplinen des Landes. Unter anderem können bezogen auf den pflegerischen Bereich die universitären Abschlüsse *„Bachelor of Science in Nursing* (BSN) und darauf aufbauend [der] *Master of Science in Nursing* (MSN) erworben" werden (Schroeter 2006: 56). Ebenfalls möglich ist ein Promotionsstudium in Pflegewissenschaften im Anschluss an den Erwerb des Masters of Science in Nursing (vgl. Schroeter 2006: 56). Die Mindestqualifikation für die tägliche Praxis „am Bett" ist allerdings der BSN, also ein Universitätsabschluss für die direkte Patientenversorgung (vgl. Schroeter

---

[15] An dieser Stelle wählt der Verfasser das Land USA zur Gegenüberstellung mit Deutschland, da die Entwicklung der Professionalisierung der Pflege hier am schnellsten von statten ging (vgl. Schroeter 2006: 56).

2006: 56). Die Pflege in Amerika hat die Zusammenarbeit auf Augenhöhe mit den anderen Berufsgruppen des Gesundheitswesens erreichen können (vgl. Büker 2009: 133). Deutschland hätte demnach noch einiges aufzuholen, wenn zukünftig ein akademischer Grad für die Berufspraxis der Pflege am Bett Voraussetzung sein soll.

Im Vergleich zwischen Amerika und Deutschland bestehen hinsichtlich grundsätzlicher sprachlicher Eigenschaften deutliche Unterschiede. Die englische Sprache wirkt in vielerlei Hinsicht unkomplizierter als die deutsche. Während die Deutschen die Pflege selbst noch einmal in *Gesundheits- und Krankenpflege*, in *Gesundheits- und Kinderkrankenpflege* und in *Altenpflege* gliedern, reicht dem Amerikaner die Bezeichnung „*Nurse*" für alle Berufszugehörigen der Pflege[16]. Die erstgenannte Form der Aufteilung existiert lediglich in Deutschland (vgl. Landenberger et al. 2005: 69; vgl. Hanika 2012: 695). Hinzu kommt, dass die englische Sprache nicht zwischen dem „Du" und dem „Sie", wie in der deutschen Sprache üblich, unterscheidet (vgl. Kretzenbacher, Segebrecht 1991: 13). Egal, ob es sich um den Arzt oder die Pflegekraft handelt, beide werden im Englischen mit „You", also „Du" in der deutschen Übersetzung, angesprochen.

Einen Unterschied zwischen den drei Geschlechtern Maskulinum, Femininum und Neutrum gibt es in der englischen Sprache ebenfalls nicht, da die geschlechtsspezifischen Bezeichnungen hier keine Unterschiede kennen (vgl. Lopin 2008: 21 f.). Diese Tatsache führt dazu, dass durch die Sprachanwendung das Arzt-Schwestern-Verhältnis relativiert wird, also von der Sprache her kein Unterschied zwischen den beiden Geschlechtern vollzogen wird. Insbesondere in Bezug auf das Rollenverständnis zwischen Mann und Frau, das für die Entwicklung der Berufsgruppen Arzt und Pflege prägend war, wird demnach auf sprachlicher Ebene keine Unterscheidung vorgenommen. Wird diese Logik auf das deutsche System übertragen, müsste die Anrede der

---

[16] In der Literatur konnte keine Aufteilung der Pflege in den USA, wie sie hierzulande erfolgt, durch den Verfasser gefunden werden.

deutschen Pflegekräfte neu gestaltet werden. Vergleichsweise hierzu wechselte man in der Schweiz 2002 die Berufsbezeichnung der „Krankenschwester" und des „Krankenpflegers" in „Pflegefachfrau" und „Pflegefachmann". Damit ging auch eine Veränderung in der Anrede der Pflegekräfte einher, die bevorzugt mit „Sie" und ihrem Nachnamen angesprochen werden möchten (vgl. Bürki 2008: 46). Diese Faktoren könnten auch hierzulande zu einer verbesserten Attraktivität des Pflegeberufes beitragen.

3 Akademisierung des Pflegeberufes

Es besteht die Annahme, die Akademisierung des Pflegeberufes in Deutschland sei auf dem Vormarsch, da „pflegewissenschaftliche Studiengänge .. mittlerweile an vielen deutschen Hochschulen etabliert [worden sind]" (Völkel 2005: 15). Diesbezüglich orientiert sich die deutsche pflegerische Berufsgruppe an den Nachbarländern Deutschlands sowie den USA. Vorreiter von akademisierten Pflegeberufen ist insbesondere die USA, denn hier etablierten sich bereits zum Beginn des 20. Jahrhunderts die ersten Pflegestudiengänge (vgl. Schwenk 2005: 53). In Deutschland wurde ein frühzeitiger Einstieg in die Akademisierung des Pflegeberufes verpasst.

Eine Reihe von Faktoren spricht jedoch dafür, die Akademisierung in Deutschland weiter voranzubringen. Zum einen könnte ein hoher Anteil an hochqualifizierten Pflegekräften mit akademischem Abschluss dazu beitragen, dass die Mortalität von Pflegebedürftigen in Krankenhäusern sowie insgesamt die dortigen Komplikationsraten gesenkt würden (vgl. Fricke 2013: 1; vgl. Teigeler 2012: 1023). Zum anderen wäre dies eine wichtige Grundlage zur Verbesserung der Attraktivität des Pflegeberufes (vgl. Krause 2007: 12).

In den folgenden Kapiteln werden die Bestrebungen der Akademisierung von damals und heute im bundesdeutschen Raum näher erläutert.

3.1 Entwicklungen der Studiengänge in der Pflege

Bereits 1907 wurde in den USA „de[r] erste[n] Lehrstuhl für Krankenpflege" etabliert (Mayer 2010: 143). Aufgrund der frühen und schnellen Professionalisierung von Pflege entstand das erste Pflegeforschungsinstitut bereits im Jahre 1953 (vgl. Schroeter 2006: 56 f.). In Europa erfolgten die ersten Bestrebungen einer Akademisierung der Pflege wesentlich später, im Jahre 1956 in Großbritannien (vgl. Mayer 2010: 143). Dies alles entwickelte sich zu einer Zeit, als die Pflege in Deutschland noch stark vom Nationalsozialismus geprägt war (vgl. Hiemetzberger et al. 2010: 113). Hier hatte Deutschland den Fokus nicht auf Akademisierung gelegt, sondern vielmehr auf den Nationalsozialismus und die Weltanschauung (vgl. Hiemetzberger et al. 2010: 115). So wurde aus der Krankenschwester eine „Kriegskrankenschwester[, die] .. ein ideologisches Modell dar[stellte] ... [und dem] ... deutschen Soldaten als Kameradin und Helferin zur Seite [stand]" (Hiemetzberger et al. 2010: 116). Niemand war zu jenem Zeitpunkt daran interessiert, „den gesellschaftlichen Stellenwert der Pflege zu verändern" (Hiemetzberger et al. 2010: 119, vgl. Kapitel 4). Nach dem 2. Weltkrieg orientierte sich die vom Nationalsozialismus geprägte Pflege in Deutschland um. Die bereits existierenden Berufsverbände versuchten die Pflege „zwischen Berufung und Beruf anzusiedeln" (Lauber 2012: 58). Diese Bestrebungen waren von Konflikten geprägt (vgl. Lauber 2012: 58). In Deutschland etablierten sich die ersten Studiengänge in der Pflege deshalb erst in den 80er-Jahren des 20. Jahrhunderts, da hierzulande 30 Jahre lang „die Auffassung vor[ge]herrscht[e], dass die Krankenpflege ... nur über ein geringes theoretisches Wissen verfügen müsse" (vgl. Menche 2006: 13; Lauber 2012: 58).

3.2 Akademisierung im Ausland und was Deutschland noch lernen kann

Somit verwundert es nicht, dass Deutschland zusammen mit Luxemburg und Österreich auf europäischem Boden einer der Nachzügler in Bezug auf die akademische Pflegeerstausbildung darstellt (vgl. Hanika 2012: 695; s. Abb. 6). Würde nun eine Angleichung der Pflegeerstausbildung an die europäischen Nachbarländer erfolgen, könnte nicht nur die gesellschaftliche Anerkennung dieses Berufsbildes steigen, sondern auch alles Weitere, was hiermit in Zusammenhang gebracht werden kann: neue Aufgaben, mehr Kompetenzen und Befugnisse, mehr Nachwuchs und qualitative Patientenversorgung (vgl. Hanika 2012: 695).

Viele in das Ausland emigrierte Pflegekräfte berichten, dass die Arbeitsbedingungen in den Einrichtungen sowie die Anerkennung in der Gesellschaft erheblich besser seien als in Deutschland (vgl. Schmiegel

2011). Dies sind meist auch die Gründe, warum nach wie vor deutsche Pflegekräfte auswandern (vgl. Kapitel 2). Es sind nicht nur die Arbeitsbedingungen, die bessere Bezahlung oder der höhere Personalschlüssel ausschlaggebend, sondern ebenso die umfangreichere Umsetzung von wissenschaftlich fundierten Erkenntnissen in der Pflege. In Deutschland wird bspw. im Altenpflegegesetz zwar ebenfalls eine höhere Orientierung an evidenzbasierter Pflege gefordert, inwiefern dies stringent in der Praxis umgesetzt wird, ist jedoch fraglich (vgl. Völkel 2005: 15).

Pflege ist eine Wissenschaft, die erforscht werden muss, besonders um bspw. die „pflegerische Prävention zu definieren, damit diese in den Leistungskatalog [der gesetzlichen Krankenkassen] aufgenommen und demgemäß angemessen verordnet und vergütet werden kann" (Hasseler, Meyer 2006: 52). Dies ist allerdings nur möglich, wenn die Wissenschaft von Seiten der Politik stärker unterstützt würde, insbesondere in finanzieller Hinsicht (vgl. Rosenbrock 2000: 187 ff.) In einigen anderen EU-Staaten werden die Studiengänge bzw. Ausbildungsmodelle der Pflege durch die Politik gefördert und weiter ausgebaut. In den Nachbarländern Deutschlands wie Frankreich, den Niederlanden oder Tschechien werden derzeit berufsgruppenübergreifende Ausbildungsmodelle getestet, die bspw. eine Verschmelzung der Professionen Pflege und Medizin herbeiführen sollen. Solch eine Zusammenführung könnte in Deutschland dazu führen, die Anerkennung der Pflegekräfte oder vielleicht auch schon bald der zukünftigen „Pflegemediziner" enorm zu verbessern. Sowohl die Berufsgruppe der Pflege als auch die der Ärzte haben **einen** identischen Auftrag im Gesundheitssystem zu erfüllen, welcher in der fachgerechten Versorgung von Patienten liegt. Diese grundsätzliche Gemeinsamkeit spricht in der Tat für eine Zusammenlegung der zwei Berufsgruppen (vgl. Hanika 2012: 695).

Seitens der Entscheider auf politischer Ebene in Deutschland ist es an der Zeit, Impulse für den ersten Schritt zu dieser Zusammenführung zu setzen, um die Annäherung der Pflege an die ärztliche Berufsgruppe bzgl. des gesellschaftlichen Ansehens voranzutreiben.

3.3 Das deutsche Ausbildungssystem

Da der Beginn der Akademisierung der Pflege in Deutschland noch nicht so lange zurückliegt, ist es naheliegend, dass die Pflege nach wie vor hauptsächlich **ausgebildet wird**. Während sich die USA bereits zu Beginn des 20. Jahrhunderts mit den ersten Professionalisierungsversuchen beschäftigte, entwickelten sich in Deutschland zu dieser Zeit die ersten Ausbildungsmodelle (vgl. Schneider 2003: 337). Die ersten Züge einer vollwertigen Ausbildung in der Pflege waren im Jahre 1906 erkennbar. In dieser Zeit wurde bereits schriftlich festgelegt, dass die Auszubildenden nur auf die praktische Tätigkeit der Pflege hin ausgebildet werden sollten. Der Umgang mit medizinischen Geräten oder eine intensive Lehre der Anatomie und der Physiologie des Menschen sollte so gering wie möglich ausfallen. Ärzte spielten bei der Festlegung der Ausbildungsinhalte eine wichtige Rolle, da sie meistens die Lehrer bzw. Vorgesetzten der Pflegekräfte und demnach auch die der Auszubildenden waren (vgl. Bögemann-Großheim 2011: 15). Es entwickelte sich, einhergehend „mit den ersten Prüfungsbestimmungen, die 1907 in Preußen in Kraft traten, ... [die] Krankenpflege .. – [eine] medizinische **Assistenztätigkeit** ..." (Bögemann-Großheim 2011: 16; Herv. d. Verf.).

Im Jahre 1907 war der Einfluss von Agnes Karll, unterstützt von Frauenverbänden und politischen Mitspielern, nicht unerheblich, denn sie legte den Grundstein für eine einheitliche pflegerische Grundausbildung in Deutschland (vgl. Schneider 2003: 336 f.; vgl. Bögemann-Großheim 2011: 13). Zuvor hatte „[j]eder Verband und jede Schwesternschaft ... eigene Ausbildungsstätten" und aufgrund des schnellen Fortschritts der Medizin wurde es erforderlich, die Ausbildung zur Pflegekraft zu vereinheitlichen (Schneider 2003: 336). Auch die Ablegung einer Prüfung zum Ende der Ausbildung hin wurde erst um 1907 im Rahmen eines Gesetzes festgelegt (vgl. Schneider 2003: 337). Als

Zugangsvoraussetzung zur einheitlichen pflegerischen Ausbildung damals wurden die folgenden Punkte definiert:
- „erfolgreich zum Abschluss gebrachte Volksschulbildung oder eine andere gleichwertige Bildung,
- Vollendung des 21. Lebensjahres,
- die körperliche und geistige Tauglichkeit zum Krankenpflegeberuf,
- ein behördliches Leumundszeugnis" (Schneider 2003: 337)[17].

Im Laufe der Zeit wurde das Ausbildungsgesetz immer wieder verändert. Insgesamt betrug die Dauer der vereinheitlichten Ausbildung zwei Jahre. Zu Zeiten des Nationalsozialismus wurde die Ausbildungsdauer allerdings auf 18 Monate reduziert, da ein Mangel an Krankenschwestern vorhanden war (vgl. Schneider 2003: 337). Erst im Jahre 1965 wurde die Dauer der Pflegeausbildung auf drei Jahre festgelegt. Diese Regelung hat ihre Gültigkeit bis heute noch nicht verloren. Ebenfalls Bestand hat die Abhängigkeit zur Berufsgruppe der Medizin. Die Pflege ist nicht nur von der Medizin abhängig, sie wird auch nach wie vor von ihr beeinflusst und in ihren Professionalisierungsbemühungen ausgebremst. Diese Abhängigkeit hat sich gesetzlich seit 1906 bis heute so manifestiert (vgl. Schneider 2003: 337; vgl. Bögemann-Großheim 2011: 14).

3.4 Perspektiven für studierte Pflegekräfte

Die Akademisierung der Pflege entwickelte sich in Deutschland erst seit dem Ende der 90er- Jahre des 20. Jahrhunderts und die Einführung der Pflegestudiengänge ging meist mit den „Schwerpunkt[en] Management und Pädagogik" einher (Blättner 2008: 124). Mittlerweile beziehen sich die Studiengänge auf die Bereiche „Gesundheitsmanagement, Gesundheitsförderung, Integrierende[r] Gesundheitsförderung, Gesundheitskommunikation .. [und] Public Health" (Blättner 2008: 124). Allerdings erfolgte diese Ausweitung des Spektrums erst nach Umstellung der Diplomstudiengänge auf Bachelor- und Master-

---

[17] Zit. n. Kruse 1987: 156

studiengänge im Rahmen des Bologna-Prozesses[18] (vgl. Blättner 2008: 124). Im Jahr 2008 existierten in Deutschland ca. 123 Studiengänge, die sich auf Pflege oder Gesundheit bezogen (vgl. Blättner 2008: 124). Dies ist grundsätzlich als positive Entwicklung anzusehen, die vor dem Hintergrund der seit 15 Jahren schleppend voranschreitenden Akademisierung des Pflegeberufes in Deutschland darüber hinaus als relativ schnell von statten gehend eingeschätzt werden kann.

Die Perspektiven für Pflegekräfte mit akademischem Abschluss, die sich bspw. für höherwertige Tätigkeiten in der direkten Patientenversorgung in stationären Gesundheitsinstitutionen ausbilden lassen, sind vielversprechend. Aufgrund des ebenfalls im ärztlichen Sektor vorhandenen Mangels an Nachwuchskräften, wird zukünftig eine steigende **Umverteilung von ärztlichen Tätigkeiten auf das Pflegepersonal** in Form von horizontaler Delegation zu verzeichnen sein (vgl. Robert Bosch Stiftung 2011: 54). Die Nachfrage an hoch qualifiziertem und spezialisiertem Pflegepersonal wird somit vermutlich ebenfalls ansteigen. Insbesondere für Führungspositionen ist bereits heutzutage neben einer abgeschlossenen pflegerischen Berufsausbildung in den meisten Fällen ein abgeschlossenes Studium erforderlich. Dies geht aus zahlreichen Stellenanzeigen für diesen Bereich hervor (vgl. Robert Bosch Stiftung 2011: 54).

Inwiefern eine Entlastung der Ärzte durch diesen Mechanismus und eine entsprechende Übertragung von bestimmten, originär im ärztlichen Bereich angesiedelten Aufgaben auf das Pflegepersonal in der Praxis umgesetzt werden kann, hängt von verschiedenen Faktoren ab. In diesem Zusammenhang spielt bspw. die strukturelle Art des stationären Arbeitsbereiches im Hinblick auf den dort vorhandenen Personalschlüssel sowie die generelle Bereitschaft der Pflegenden zur Übernahme von diesen Tätigkeiten eine große Rolle (vgl. Robert

---

[18] Dieser Prozess ist eines der „größte[n] Hochschulreform[en] ... [seit] 1999", bei dem in „mittlerweile 47 Staaten" vereinheitlichte Abschlüsse auf internationaler Ebene angestrebt werden sollen (Bundesministerium für Bildung und Forschung 2013).

Bosch Stiftung 2011: 54 f.). Arbeitgeber müssen sich in Bezug auf Pflegekräfte mit akademischem Abschluss allerdings im Klaren sein, die Strukturen an die neuen hoch qualifizierten Mitarbeiter anzupassen, insbesondere in Bezug auf „bessere Aufstiegs- und Verdienstmöglichkeiten" (Runde et al. 2012: 41). Es kann davon ausgegangen werden, dass dies eine weitere wesentliche Grundvoraussetzung zur Erhöhung der Attraktivität des Pflegeberufes ist.

4 Attraktivität des Pflegeberufes

Im Rahmen von öffentlichen Diskussionen, zahlreichen Abhandlungen sowie Zeitungsartikeln steht häufig die „Attraktivität des Pflegeberufes" im Fokus. Allerdings erscheint die Begrifflichkeit des „Pflegeberufes" in Kombination mit dem Begriff der „Attraktivität" ein Paradoxon zu ergeben. Dies liegt darin begründet, dass die Mehrheit der deutschen Bevölkerung Pflegeberufe eben nicht für attraktiv hält und es sich somit um einen Widerspruch handelt.

In der öffentlichen Wahrnehmung ist es scheinbar nicht notwendig, einen Pflegeberuf im Rahmen eines Studiums zu erlernen. Eine pflegerische Tätigkeit wird von vielen Deutschen mit dem Ansehen von „Schwester Stefanie" aus der berühmten TV-Serie assoziiert, die „vor lauter Berufung mit allen Patienten ‚mitleide[t]' und aufgrund ihres ‚Helfer-Komplexes' versuch[t], die Probleme ihrer Patienten **für** diese zu lösen ... und [wohl auch] aus diesem Grunde nicht in der Lage [ist], verantwortungsvollen Aufgaben nachzukommen" (Hasseler, Meyer 2006: 52 f.). Diese Ansicht hat scheinbar mitunter dazu geführt, dass examiniertes Pflegepersonal unter anderem auch für Reinigungstätigkeiten eingesetzt werden kann (vgl. Hasseler, Meyer 2006: 53).

Das Ansehen eines Berufes ist immer noch eines der ausschlaggebendsten Gründe, sich als junger Mensch für einen Beruf zu entscheiden. So bewerben sich viele Abiturienten in Deutschland auf einen Studienplatz im Fach Medizin und interessieren sich weniger für eine Ausbildung im Pflegesektor, da als Zugangsvoraussetzung für eine Ausbildung auch der Schulabschluss der Mittleren Reife ausreicht (vgl. DEKV e.V. 2004: 27). Ebenfalls liegt die Vermutung nahe, dass viele Abiturienten, die ein Medizinstudium anstreben, aufgrund des hohen Numerus Clausus für einen Studienplatz im Fach Medizin, Wartezeit sinnvoll überbrücken möchten. Hierfür spricht, dass in vielen Fällen von Abiturienten nach Abschluss der Pflegeausbildung ein Medizinstudium angestrebt wird (vgl. DEKV e.V. 2004: 27 f.). Grundsätzlich erscheint das Erlernen eines Pflegeberufes für Abiturienten weniger attraktiv als das Anstreben eines Berufes, für den ein akademischer Abschluss zwingend notwendig ist.

Die Next-Studie[19] stellte des Weiteren fest, dass für Absolventen mit Mittlerer Reife ein Studium nach einer Ausbildung in der Pflege nicht mehr in Frage kommt und „[d]er Großteil .. vornehmlich **in der Pflege [am Patientenbett] bleiben** [möchte]" (DEKV e.V. 2004: 27 ff.). Im Regelfall möchten Abiturienten hingegen **nicht** in der direkten Patientenversorgung verbleiben. Hier bleibt gemäß der Next-Studie allerdings unbegründet, warum Abiturienten „den Umweg einer Ausbildung vor einem Studium gewählt haben" (DEKV e.V. 2004: 28). Vor diesem Hintergrund kann die politische Entscheidung, den Pflegeberuf auch für Schulabsolventen mit 10-jähriger Schulbildung zugänglich zu machen, sicherlich nachvollzogen werden (vgl. Teigeler, Lücke 2012: 862). Ebenso erscheint es für die weitere Akademisierung der Pflege jedoch notwendig, einen hohen Anteil an Abiturienten langfristig in einem Pflegeberuf zu halten. An dieser Stelle stellt sich die Frage, was die konkreten Unterschiede zwischen der Pflege und der Medizin sind und welche Faktoren Einfluss auf die jeweilige Attraktivität der Berufsgruppen gegenüber Abiturienten haben. Eine Gegenüberstellung hierzu erfolgt im nachfolgenden Abschnitt.

4.1 Pflege oder Medizin – eine Gegenüberstellung

Wie bereits in Kapitel 1 dieses Buches angeführt, besteht bereits heutzutage und zukünftig vermehrt eine Konkurrenzsituation zwischen Betrieben aller Branchen hinsichtlich der Rekrutierung von Nachwuchskräften.

Ausgehend von dieser Logik besteht bzgl. der Gewinnung von Abiturienten zwischen der medizinischen und pflegerischen Berufsgruppe ein Konkurrenzverhältnis. Diese Situation wird dadurch verschärft, dass die Anzahl der Abiturienten stetig sinkt. In der Praxis sind bereits heutzutage Modellprojekte vorzufinden, die darauf ausgerichtet sind, gezielt Abiturienten für den pflegerischen Bereich anzuwerben.

---
[19] Next-Studie: „[I]nternationale schriftliche Befragung zum frühzeitigen Berufsausstieg von Pflegekräften in Europa ... von 2002 – 2005 ..." (Bögemann-Großheim 2011: 28).

Im Universitätsklinikum Greifswald ist bspw. ein derartiges Projekt zur Rekrutierung und Bindung von Abiturienten vorzufinden. Im Rahmen des Bundesfreiwilligendienstes besteht für Abiturienten die Möglichkeit, die Tätigkeitsfelder eines Arztes und einer Pflegekraft kennenzulernen. Diese besondere Form des Bundesfreiwilligendienstes wird als Überbrückungsjahr für Abiturienten, kurz „ÜfA", deklariert (vgl. Schaupp 2012: 13). Für die teilnehmenden Abiturienten besteht die Möglichkeit, ihren Berufswunsch durch Praxiserfahrung zu überprüfen und eine realistische Einschätzung ihres tendenziellen späteren Tätigkeitsfeldes innerhalb der jeweiligen Berufsgruppe zu gewinnen (vgl. Schaupp 2012: 13).

Der Beruf des Arztes ist im Vergleich zum Pflegeberuf für Abiturienten sicherlich angesehener – Ärzte wurden in der Vergangenheit oft als „die Götter in Weiß" bezeichnet, aber aufgrund von „Berufsfreiheit, Gesundheitsanspruch und Sozialstaat" hat sich dieses Ansehen wohl mittlerweile verändert (Schmidt-Jortzig 2009: 92). Allerdings wird die Pflege in ihrer Beschaffenheit noch längst nicht attraktiver, nur weil die Profession Medizin „rechtlich auf das Normalmaß eines anspruchsvollen Handlungsauftrages zurückgestutzt" wurde (Schmidt-Jortzig 2009: 92). Dennoch behält sich die Ärzteschaft eine gewisse Vormachtstellung durch ihre Therapiefreiheit sowie durch das Vertrauen der Patienten in die Ärzte bei (vgl. Woopen 2009: 188; vgl. Schmidt-Jortzig 2009: 92).
Durch die Geschichte geprägt sind Pflege und Medizin zwei grundverschiedene Professionen. So war die Pflege in der Vergangenheit ein weiblicher Beruf, da nur Frauen diesen Tätigkeiten der „Nächstenliebe" gerecht wurden. Die Männer wandten sich hingegen der Medizin zu und wurden zu einem Medizinstudium zugelassen, während Frauen vergleichsweise nicht zum Studium berechtigt waren. Das hohe Ansehen der Mediziner erwächst ebenfalls aus der Tatsache heraus, dass dieser Beruf sehr männlich geprägt ist. „Frauenberufe ... zeichnen sich vielmehr dadurch aus, dass ihre Berufsangehörigen zur Mehrzahl weiblich sowie Status und Prestige des Berufs vergleichsweise niedrig

sind" (Bürki 2008: 44; s.a. Abschnitt 2.4). Die Pflege ist nach wie vor eindeutig ein Frauenberuf. So bleibt das Ansehen dieses Berufes zunächst gering, sollte die Pflege in naher Zukunft nicht mehr junge Männer ansprechen und vermehrt Frauen in der Ärzteschaft, insbesondere in Oberarzt- und Chefarztpositionen, vertreten sein.

Des Weiteren steht die Fragestellung der Akademisierung der Pflege im Raum. Die Attraktivität eines Berufes hängt grundsätzlich immer mit dem jeweiligen Akademisierungsgrad des Berufes zusammen (vgl. Gruber, Kastner 2005: 7). Allerdings ist die Pflege noch weit von einer durchgängigen Akademisierung entfernt. Zur Erreichung des akademischen Grades „Master" im pflegerischen Bereich ist regulär ein Zeitraum von **acht Jahren** nötig, da vorerst eine dreijährige Berufsausbildung und anschließend ein sechs-semestriger Bachelorstudiengang sowie ein vier- bis fünf- semestriger Masterstudiengang absolviert werden muss. Somit ist der Gesamtzeitraum zur Erreichung des akademischen Grades verglichen mit dem vorgesehenen Zeitraum eines Medizinstudiums um insgesamt zwei Jahre länger (vgl. Teigeler 2012: 1023). Dies führt eher dazu, dass Pflegekräfte eine Weiterbildung dem Studium vorziehen oder vollständig in eine andere Berufssparte wechseln (vgl. DEKV e.V. 2004: 28 f.).

4.2 Pflege im Schatten der Medizin

Wie durchsetzungsstark die Interessensgemeinschaft der Ärzte in Deutschland wirklich ist, zeigt sich immer wieder in Vergütungsverhandlungen. Generell ist festzuhalten, dass Ärzte wesentlich öfter in den Arbeitskampf treten als Pflegende. Bei den Verhandlungen geht es primär um Lohnerhöhungen und verbesserte Arbeitsbedingungen. Die Streiks der Ärzte waren bereits im Jahre 1904 erstmals zu verzeichnen, da die Interessen der Ärzte nicht konform mit denen der Krankenkassen waren (vgl. Wehler 2006: 741). Allein nur die Drohung eines Generealstreiks im Jahre 1914 reichte schon aus, um einen

„Kompromiß [!] zwischen dem Hartmann-Bund[20] und den Krankenkassen" zu erzielen (Wehler 2006: 741). Die Ärzte erreichten durch ihre Hartnäckigkeit und ihr Durchsetzungsvermögen eine so große Monopolstellung auf dem Markt der Dienstleistungen im Gesundheitswesen, dass sie selbst die Juristen ganz weit hinter sich ließen (vgl. Wehler 2006: 742). Zur selben Zeit lehnte die Berufsgruppe der Pflege jegliche Veränderung ihres Berufsbildes und ihrer Stellung auf dem Arbeitsmarkt ab (vgl. Abschnitt 2.1). Heutzutage erhalten die Ärzte Unterstützung durch die Bundesärztekammer[21], den Marburger Bund[22] sowie die Kassenärztliche Vereinigung[23]. Durch diese Zusammenschlüsse entwickelte sich die Ärzteschaft zur stärksten Berufsgruppe im Gesundheitswesen hinsichtlich der Durchsetzung von Interessen (vgl. Schroeter 2006: 56). Die Pflege hingegen verfügt bislang über **keine** Pflegekammer auf Landesebene (vgl. Menker, Waterboer 2006: 36; s.a. Abschnitt 6.2.1). Vor ca. 40 Jahren empfahl „der Wissenschaftsrat (1970, 1973) einen dreijährigen Studiengang des Diplommediziners" zu etablieren, um „die Monopol- und Vormachtstellung der Ärzteschaft in den Bereichen der Diagnose und Therapie" aufzuweichen (Schroeter 2006: 55). Gegebenenfalls hätte sich die Stellung der Pflegekräfte bei Durchsetzung dieser Empfehlung im Laufe der folgenden Jahrzehnte grundlegend verändert. Seitens der Ärzte wurde die Empfehlung des Wissenschaftsrates aufgrund der Befürchtung von Autoritätsverlusten abgelehnt (vgl. Schroeter 2006: 55). Heutzutage besteht für Ärzte die Möglichkeit, die Durchführung bestimmter Maßnahmen an Pflegende zu delegieren. Die Pflegenden haben offiziell kein Mitspracherecht hinsichtlich der „Verordnung diagnostischer und therapeutischer Maßnahmen" in Bezug auf die Patientenversorgung (Schroeter

---

[20] Vom Leipziger Arzt Hermann Hartmann im September 1900 gegründeter „Verband der Ärzte Deutschlands zur Wahrung ihrer wirtschaftlichen Interessen" (vgl. Wehler 2006: 740).
[21] „Spitzenorganisation der ärztlichen Selbstverwaltung; sie vertritt die berufspolitischen Interessen der 449.409 Ärztinnen und Ärzte (Stand: 31.12.2011) in der Bundesrepublik Deutschland" (Bundesärztekammer 2013).
[22] „[G]ewerkschaftliche, gesundheits- und berufspolitische Interessenvertretung aller angestellten und beamteten Ärztinnen und Ärzte in Deutschland." Es geht hauptsächlich um „bessere Arbeitsbedingungen und eine leistungsgerechte Vergütung in den Krankenhäusern" (Marburger Bund 2013).
[23] „[E]ines der beiden zentralen Organisationen zur Aufgabenwahrnehmung der Selbstverwaltung der niedergelassenen Ärzte und der psychologischen Psychotherapeuten; neben der Ärztekammer ein Teil der sozialen Sicherung in Form einer Körperschaft des öffentlichen Rechts" (Gabler Wirtschaftslexikon 2013).

2006: 56)²⁴. Aus der Sicht der Ärzteschaft wird, aufgrund ihrer Vormachtstellung, der Pflegeberuf auch als medizinischer **Assistenzberuf** oder auch als nichtakademischer Gesundheitsberuf bezeichnet (vgl. Schroeter 2006: 55; vgl. Neumann 2009: 10). Würde sich die Berufsgruppe der Pflege vollständig akademisieren, so könnte sich dieses Bild des medizinischen Assistenzberufes in der Gesellschaft vielleicht verändern.

Ein weiterer Faktor, der für eine Vollakademisierung der Pflege spricht, ist, dass „das Wissen in der Pflege .. so stark gewachsen [ist], dass es in der dreijährigen Ausbildung kaum noch Platz findet" (Teigeler 2012: 1022 f.). Als Voraussetzung für die flächendeckende Etablierung von Pflegestudiengängen und die Abschaffung der nicht-akademischen Pflegeausbildung muss jedoch die Rekrutierung von Abiturienten für diesen Bereich angestrebt werden.

4.2.1 Pflegekräfte als Handlanger der Ärzte

Aufgrund der Übertragung von Teilaufgaben der Ärzte auf die Pflege entsteht das pflegerische Berufsbild des „Handlangers der Ärzte". Diese Sichtweise hat jedoch auch historische Ursachen, da Pflege „in erster Linie aus einem Bedarf der Ärzte heraus" entstanden ist, zumindest in Bezug auf die Krankenhäuser. Dort wurde Personal gebraucht, „das komplementär zu ihnen arbeitete und .. Tätigkeiten übernahm ..." (Neumann 2009: 10). Diese Entwicklung ist am heutigen Berufsbild der Pflege deutlich zu erkennen.

Pflege wird bereits in der Ausbildung als Handlanger der Ärzte sozialisiert, denn „der Anteil der vom Arzt angeordneten Behandlungspflege [ist während der Ausbildungszeit] relativ hoch ... [und] wird im Gegensatz zur medizinischen Ausbildung recht gründlich gelernt" (Schäfer, Jacobs 2009: 29, s.a. Abschnitt 3.3). Eigentlich müsste die Überschrift dieses Abschnittes jedoch „Ärzte als Handlanger der Pflegekräfte" heißen. Bei genauerer Betrachtung scheint vielen Pflegenden durchaus bewusst zu sein, dass Ärzte ohne den Berufsstand der Pflege im klinischen Alltag nicht auskommen würden. Die Pflegekräfte übernehmen

---

²⁴ Bundesärztekammer 1991: 2f.; zit. nach Döhler 1997: 98

die Umsetzung „eine[s] Großteil[s] der ärztlichen Anordnungen" (Sperl 1996: 12). Des Weiteren sind Ärzte in vielen Belangen auf die Krankenbeobachtungen der Pflegekräfte angewiesen (vgl. Sperl 1996: 12). Allein aufgrund dieser Tatsache erscheint es notwendig, Ärzte und Pflegekräfte als gleichberechtigte Partner anzusehen, so wie es bspw. auf deutschen Intensivstationen der Fall ist. Dort arbeiten bereits heutzutage Pflegekräfte und Ärzte Hand in Hand (vgl. Sperl 1996: 12). Fachweitergebildetes Personal für Intensiv- und Anästhesiepflege wird von den Ärzten meist auch als gleichberechtigt anerkannt, vor allen Dingen auch durch die stetig zunehmende Technisierung auf den Intensivstationen (vgl. Erler 2012 o. S.). Das höhere Vorkommen von Technik auf Intensivstationen bedeutet gleichzeitig auch eine höhere Anzahl an männlichen Pflegenden, was wiederum mit einer höheren Attraktivität einhergeht (vgl. Abschnitt 2.4).

Durch die Ärzte wird jedoch Ablehnung signalisiert, mit Pflegekräften, die über einen akademischen Abschluss verfügen, auf Augenhöhe zusammen zu arbeiten, da hierdurch die Assistentenfunktion der Pflegenden hinfällig wäre (vgl. Teigeler 2012: 1023). Des Weiteren würden für die Ärzteschaft ggf. Gehaltseinbußen bei einer Erhöhung der Quote an akademisierten Pflegekräften und ihrer entsprechenden Anerkennung drohen. Wenn sowohl für eine Tätigkeit im Bereich der Medizin als auch der Pflege ein Studium vorausgesetzt würde, müssten Angehörige beider Professionen bei gleichbleibendem Gesamtpersonalbudget innerhalb der Einrichtung die gleiche Entlohnung erhalten (vgl. Teigeler 2012: 1023). Ausgehend von dieser Logik kann, bezogen auf die bereits heute in der Patientenversorgung tätigen akademisierten Pflegekräfte, davon ausgegangen werden, dass diese im Vergleich zur Ärzteschaft deutlich zu gering entlohnt werden.

4.2.2 Mehr Attraktivität durch bessere Bezahlung

Die jüngste Umfrage des Wirtschafts- und Sozialwissenschaftlichen Institutes in der Hans-Böckler-Stiftung macht deutlich, dass der Pflegeberuf nicht angemessen bezahlt wird. Die Pflegekräfte sind zwar mit ihrer Tätigkeit als Pflegende zufrieden, mit ihrer Bezahlung allerdings nicht (vgl. Wirtschafts- und Sozialwissenschaftliches Institut in der

Hans-Böckler-Stiftung 2012; vgl. Heisig 2009: 44; vgl. Schlüter 2001: 13).

Die Ursache des geringen Gehaltes in der Pflegebranche ist historisch begründbar. Pflege wurde zu Beginn des 20. Jahrhunderts als „Liebestätigkeit" bezeichnet (Kelm 2008: 24; vgl. Abschnitt 2.1). Dieses Verständnis der Pflege implizierte, dass Pflegende keine Bezahlung erhalten sollten, sondern vielmehr ein sogenanntes Taschengeld (vgl. Lauber 2012: 27, 48, 55; vgl. Neumann 2009: 11). Daran hat sich bis heute nur bedingt etwas geändert. Das Gehalt von Pflegekräften wird heutzutage zwar nicht mehr als Taschengeld deklariert, am heutigen Berufsbild und der derzeitigen Entlohnung wird jedoch deutlich, dass eine diesbezügliche Aufwertung des Pflegeberufes bislang noch nicht erfolgt ist. Rudolf Henke, Vorstandsvorsitzender des Marburger Bundes, äußerte sich unlängst nach einer Pressekonferenz zur Frage, „ob Pflegekräfte mehr verdienen müssten", dahingehend, dass Pflege eben nicht angemessen vertreten werde (Gaede 2012: 52). Zudem vermitteln heutzutage viele der in Gesundheitseinrichtungen tätigen Führungskräfte dem dort tätigen Pflegepersonal meist indirekt, dass sie einen erheblichen Kostenfaktor in der Gesamtbilanz eines Unternehmens ausmachen (vgl. Gaede 2012: 53). Führungskräfte des oberen Managements, insbesondere Geschäftsführer, setzen sich eher nicht mit den Gehältern des größten Berufsstandes eines Krankenhauses auseinander. Die Angst davor, weitere Lohnsteigerungen begleichen zu müssen und dadurch die Bonität des Unternehmens zu gefährden, scheint einfach zu groß (vgl. Gaede 2012: 52).

Ein weiterer Faktor, der die offene Diskussion um die Gehälter von Pflegekräften hemmt, ist, dass die deutsche Mentalität eher darauf ausgerichtet ist, nicht über das persönliche Einkommen zu sprechen. Das Thema Geld kann im bundesdeutschen Kulturraum grundsätzlich als Tabuthema angesehen werden, solange nicht öffentlichkeits- und medienwirksame Themen wie die Bankenkrise oder die Gehälter von Managern im Fokus stehen (vgl. Schneider 2011: 299). Es besteht die

Annahme, dass dieser kulturelle Einfluss auf die Pflegekräfte in Deutschland eine offene zielgerichtete Diskussion und entsprechende Konsequenzen hemmt.

Derzeit werden immer mehr Stimmen laut, die eine angemessene Bezahlung für Pflegekräfte fordern, da die Überzeugung, dass eine angemessene Entlohnung einen hohen Einfluss auf die Attraktivität eines Berufes ausübt, in viele Personenkreise in Deutschland vorgedrungen ist (vgl. DEVAP 2012). Bekanntermaßen erkämpfen sich die Ärzte im Vergleich zu den Pflegenden höhere Tariflöhne, so dass vom Personalbudget eines Krankenhauses kaum noch etwas für die Pflege übrig bleibt (vgl. Gaede 2012: 52; vgl. Tagesspiegel 2011). Hinzu kommt, dass diesbezügliche Missstände durch die Pflege bislang nicht ausreichend öffentlichkeitswirksam dargestellt wurden. Selbst fachweitergebildete Pflegekräfte werden nicht durchgängig in eine angemessene ihrer Fachweiterbildung entsprechenden Tarifgruppe eingruppiert (vgl. Gaede 2012: 52 f.). Somit ist der monetäre Anreiz, den eine Fachweiterbildung neben persönlichem Wissenserwerb sowie einer Veränderung des Tätigkeitsfeldes bieten sollte, fraglich.

Grundsätzlich ist festzuhalten, dass die Bezahlung für die Mehrheit der Pflegekräfte eher eine untergeordnete Rolle spielt. Als primär wichtig wird von den Pflegekräften das Verhältnis zum Patienten beurteilt (vgl. Blüher, Stosberg 2005: 183 f.). Empfinden sie dieses Verhältnis als positiv, ist auch die Wahrnehmung ihres Berufes „besonders befriedigend" (Blüher, Stosberg 2005: 184). Auch wenn die Entlohnung somit nicht als Hauptkriterium aufzufassen ist, sollte durch eine unverhältnismäßig schlechte Ausgestaltung der Verdienstmöglichkeiten den primären Beweggründen zur Ausübung eines Pflegeberufes nicht entgegengewirkt werden. Zukünftig müsste die Entlohnung von Pflegekräften entsprechend des Arbeitseinsatzes gerechter gestaltet werden, um die Attraktivität des Berufes zu erhöhen und die Perspektiven hinsichtlich der zukünftigen Rekrutierung von Nachwuchskräften zu verbessern.

4.2.3 Auswirkungen der DRGs

Es gibt viele verschiedene Faktoren, die sich dahingehend ausgewirkt haben, dass sich die Entlohnung von Pflegekräften in Deutschland innerhalb der letzten Jahrzehnte nicht wesentlich verbessert hat.

Ein wesentlicher Faktor hierfür ist im Fixkostenabrechnungssystem der Krankenhäuser, dem DRG-System (Diagnosis Related Groups) zu sehen. Seit Einführung der DRGs sind die innerhalb der Krankenhäuser zur Verfügung stehenden Personalbudgets für den Pflegebereich stetig gesunken. Durch die Krankenhäuser wird diese Entwicklung damit begründet, dass durch die Einführung des DRG-Systems die durchschnittlichen Liegezeiten stetig abgesunken seien und somit zur Patientenversorgung insgesamt weniger Personal benötigt wird (vgl. Repschläger 2009: 370). So gab es zwischen den Jahren 1995-2006 insgesamt einen Rücklauf an Pflegetagen von –19% (vgl. Repschläger 2009: 370). In diesem Zusammenhang wird ein „Abbau des Pflegepersonals genutzt ... [und] eine Erhöhung der Arztzahlen ermöglicht" (Repschläger 2009: 370). Mit der Erhöhung von Fallzahlen in den Krankenhäusern geht demnach auch eine Erhöhung der Arztstellen einher (vgl. Abb. 3).

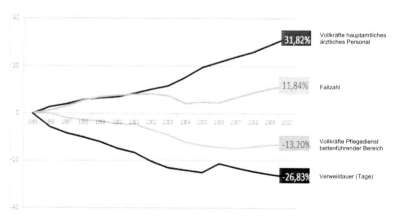

Abb. 3 Entwicklung Vollkräfte im Pflegedienst in allgemeinen Krankenhäusern 1995 bis 2010 in Prozent - Quelle: dip 2012: 15.

Für die Pflege haben sich die Arbeitsbedingungen seit Einführung der DRGs erheblich verschlechtert. Durch die Fallzahlensteigerung und die verkürzte Liegedauer der Patienten ist ein höheres Arbeitspensum entstanden, dem die Pflegekräfte kaum gerecht werden können. Eine entsprechende Anpassung der Arbeitsabläufe in den Krankenhäusern könnte diesen Effekt zumindest abschwächen (vgl. Braun et al. 2009: 70; vgl. Abb. 3).

Das insgesamt höhere Arbeitsaufkommen ist auch durch den Personalabbau im pflegerischen Bereich forciert worden. Dies wird in der Versorgung der Patienten deutlich, denn hier fehlt den Pflegenden häufig die Zeit für Zuwendung und aktivierende Pflege (vgl. Braun et al. 2009: 71). Durch die DRG-Einführung in Deutschland ist ein System entstanden, in dem Krankenhäuser sich nicht mehr an den pflegerischen Bedürfnissen der Patienten, sondern vielmehr an den Kosten der Versorgung orientiert (vgl. Braun et al. 2009: 71 f.).

Dabei besteht für Krankenhäuser ein ausschlaggebender Marketing-Faktor zur Gewinnung von Patienten in dem Verhältnis zwischen Pflegekraft und Patient. Dieses Verhältnis sollte nach Möglichkeit nicht von Hektik und Unfreundlichkeit beeinträchtigt werden (vgl. Haseborg, Zastrau 2005: 157). Die Folgen dieses Systems sind letztendlich „eine Bedrohung der Arbeitsplätze", aber gleichzeitig auch „die Chance sich berufsgruppenübergreifend für eine verbesserungsbedürftige Krankenhausorganisation einzusetzen ..." (Mühlbauer et al. 2002: 50). So steigt der Druck sowohl auf Seiten der Pflegenden als auch auf Seiten der Ärzte, noch enger miteinander zu kooperieren. Allerdings haben sich mit Einführung der DRGs zusätzlich „[d]ie Bedingungen der Krankenhauspflegearbeit ... zu **Ungunsten** des Pflegepersonals verändert" (Cholewa 2012: 108[25]; Herv. d. Verf.). Die Angst um ihre Arbeitsplätze bleibt vor allen Dingen den Pflegekräften nicht erspart, denn der Abbau am Krankenhauspersonal ist insbesondere im pflegerischen Bereich und im Wirtschafts- und Versorgungsdienst zu verzeichnen (vgl. Repschläger 2009: 370).

---

[25] Zit. n. Baumgart 2003

Auswirkungen haben die DRGs aber auch auf die Gesundheit der Beschäftigten im Gesundheitswesen. Die steigenden Arbeitsbelastungen „führen nach den Ergebnissen des Fehlzeitenreports von 2004 zu einer „inneren Kündigung", zu einer kurzen Verweildauer im Beruf bei Pflegekräften und zu zunehmendem Stress" (Nahrwold 2011: 223)[26]. Die damit einhergehende Personalfluktuation im Pflegebereich führt wiederum zu nicht unbeachtlichen wirtschaftlichen Belastungen der Unternehmen.

4.3 Die Rahmenbedingungen der Pflege

Es ist aufgrund der veränderten Strukturen im Gesundheitswesen und insbesondere nach Einführung der DRGs zu beobachten, dass für die Pflegebranche keine finanziellen Ressourcen bereitgestellt werden. Um hier entsprechende Veränderungen zu erwirken, müssten von politischer Seite neue Impulse erfolgen. Neben der Entlohnung von Pflegekräften müsste eine Verbesserung der Arbeitsbedingungen herbeigeführt werden, um zukünftig den Nachwuchs in der Pflege zu sichern. Diese Notwendigkeit wird durch eine Umfrage des MLP[27]-Gesundheits-Reports von 2012 verdeutlicht. So antworteten innerhalb des Reports 71% aller befragten Klinikärzte auf die Frage, wie „auch in Zukunft ausreichend qualifiziertes Pflegepersonal zur Verfügung steh[en könnte]", mit besseren Arbeitsbedingungen. 66% der Befragten waren für eine bessere Bezahlung im Pflegesegment, nur 20% antworteten mit einer stärkeren Werbung für den Pflegeberuf und nur noch 9% waren für die Kompensation des Nachwuchsmangels durch ausländische Fachkräfte (IfD 2012).

Zu den eher schlechten Arbeitsbedingungen in der Pflege gehören auch Merkmale wie „Zeitdruck, unregelmäßige Arbeitszeiten, Dokumentation[spflicht], [die] Rolle der Krankenkassen und [die] Unzufriedenheit von Angehörigen und Patienten" (Blüher, Stosberg 2005: 184). Jedoch sind die Pflegekräfte so sozialisiert, dass sie zwischen den

---

[26] Zit. n. Europäische Union 2002.
[27] MLP steht für Marschollek, Lautenschläger & Partner (vgl. MLP 2013)

Marktanforderungen und der Menschlichkeit, also der Zuwendung zum Patienten, in ihrem Beruf stark unterscheiden (vgl. Blüher, Stosberg 2005: 184). Sie betrachten die gestiegenen Anforderungen des Marktes sogar „als Bedrohung für den sinnstiftenden Kern ihrer Profession" (Blüher, Stosberg 2005: 184). Insbesondere die Pflicht der Dokumentation wird durch viele Pflegende stark kritisiert, denn die hier investierte Zeit fehlt im Endeffekt in der direkten Patientenversorgung (vgl. Blüher, Stosberg 2005: 185). Haben die Pflegekräfte keine Zeit mehr für „ihre" Patienten, führt dies schließlich „zu einer Sinnkrise hinsichtlich des eigenen beruflichen Tuns" (Heusel o.J.: 121). Die gestiegenen und vor allen Dingen veränderten Marktanforderungen sorgen zunehmend für einen kontinuierlichen Ausstieg aus dem Pflegeberuf (vgl. Heusel o.J.: 121). Seit dem Jahr 2000 sind „Burnout und Arbeitsplatzunzufriedenheit [statistisch gesehen] mit 30 bzw. 37% in Deutschland ... stark angestiegen" (Zander, Busse 2012: 114). Die steigende Arbeitsbelastung, die mit den oben genannten Merkmalen wie Zeitdruck und Dokumentationspflicht einhergeht, „führt ... zu massiven Unzufriedenheiten[, und auch] der ursprüngliche Idealismus und die Motivation für den Beruf werden infrage gestellt" (Heusel o.J.: 121). Der pflegerische Alltag wird beherrscht von „[ö]konomische[n] Zwänge[n] und Ressourcenknappheit ... [sowie von] Diskussionen über konzeptionelle Neuorientierungen ...", die zu allgemeinen Verunsicherungen bei den Pflegekräften führen (Heusel o.J.: 121). Nicht zu vergessen ist auch die den Pflegeberuf betreffende mangelnde Anerkennung in der Gesellschaft (vgl. Heusel o.J.: 121). Die Führungskräfte der Gesundheitseinrichtungen befinden sich in der Pflicht, die Veränderungen von Rahmenbedingungen in der Pflege verantwortungsvoll zu steuern. Die derzeitige Überlastung im Pflegebereich führt zu einer hohen Fluktuation in diesem Sektor, die zukünftig nur schwerlich durch die Rekrutierung von Nachwuchskräften kompensiert werden kann. Auf die Rolle der Führungskräfte im Gesundheitswesen in Zusammenhang mit der globalen Thematik dieses Buches wird im folgenden Kapitel eingegangen.

5 Die Rolle der Führungskräfte

Die Rolle der Führungskräfte in Gesundheitseinrichtungen muss sich zukünftig in Richtung eines motivierenden Führungsstils bewegen. Beschäftigte in der Pflege, die aufgrund der steigenden Anforderungen lieber den Beruf wechseln würden, statt sich weiterhin für die Pflege zu engagieren, müssen von den Führungskräften Motivation und Unterstützung sowie Bestätigung in ihrem Tun und Handeln erhalten (vgl. Heusel o.J.: 122). Fehlt diese Unterstützung der Vorgesetzten, kann dies zu einer erhöhten Arbeitsbelastung führen (vgl. Loffing, Loffing 2010: 109). Das Verhalten der Führungskräfte sollte unter anderem auf die langfristige Bindung von Mitarbeitern an das Unternehmen abzielen. Bei hoch ausgeprägter Personalfluktuation innerhalb eines Unternehmens entstehen hohe direkte und indirekte Kosten und somit ein wirtschaftlicher Verlust. Demnach müssen Führungskräfte gerade in Pflegeinstitutionen, in denen die Arbeitsbelastung stetig ansteigt und Schwierigkeiten in der Rekrutierung von Nachwuchskräften bestehen, alle Pflegenden fördern, motivieren und Maßnahmen zur Steigerung ihrer Arbeitsplatzzufriedenheit anstreben. Die Förderung älterer Beschäftigter sollte hierbei vor dem Hintergrund des demographischen Wandels als ein wesentlicher Faktor berücksichtigt werden (vgl. Tölken 2007: 90). Alle Potenziale, sowohl die der jungen als auch die der älteren Mitarbeitenden müssen in Zukunft stärker genutzt werden. An dieser Stelle zwischen den Generationen zu filtern wäre nicht zeitgemäß, unsachlich und vor allem kostenungünstig (vgl. Tölken 2007: 90).

5.1 Führung in der Pflege

Über die oben genannten grundsätzlich zu beachtenden Aspekte müssen sich Führungskräfte zukünftig verstärkt bewusst werden. Voraussetzung hierfür sind insbesondere Sozialkompetenzen, durch die eine Vertrauensbeziehung zu den Mitarbeitenden hergestellt und über einen langen Zeitraum aufrecht erhalten werden kann (vgl. Dievernich, Endrissat 2010: 95; vgl. Pinnow 2012: 30). Vertrauen stellt somit eine wichtige Grundlage für die langfristige Bindung von Mitarbeitern dar. Gelingt es der Führungskraft, die Mitarbeiter an das Unternehmen zu binden, wird eine wichtige Grundlage zur Förderung der Identifikation des Pflegenden mit seiner Berufsgruppe insgesamt geschaffen. Dies erscheint vor allem im Pflegesektor von Relevanz, da die pflegerische Berufsgruppe aufgrund ihrer Vergangenheit eine eher zurückhaltende Berufsgruppe ist (vgl. Kapitel 2). Eine wichtige Aufgabe von Führungskräften sollte aufgrund dessen darin liegen, das Selbstbewusstsein der Pflegenden positiv zu beeinflussen und sie insgesamt gegenüber den anderen Berufsgruppen, wie den Ärzten, zu stärken (vgl. Robert Bosch Stiftung 2001: 45). Dies impliziert ebenfalls anzustrebende Bemühungen hinsichtlich der Professionalisierung der Pflege sowie der Entwicklung dieser Berufssparte zu einem eigenständigen, von Ärzten unabhängigen Beruf (vgl. Robert Bosch Stiftung 2001: 172). Insbesondere die Professionalisierung der Pflege könnte zu Veränderungen im Machtgefüge des Gesundheitswesens führen (vgl. Sambale 2005: 19). Unterstützung benötigen die Führungskräfte der Gesundheitseinrichtungen von politischer Seite, denn um die eigene Berufsgruppe entsprechend stärken zu können, müssen einflussreiche Organisationen bzw. Institutionen wie bspw. eine Pflegekammer gegründet werden (vgl. Sambale 2005: 19, s.a. Abschnitt 6.2.1).

5.2 Rollenkonflikte im Krankenhaus

Die pflegerische Berufsgruppe in bundesdeutschen Krankenhäusern wird im Rahmen dieses Buches besonders hervorgehoben, da sie dort gegenüber der ärztlichen Berufsgruppe scheinbar die schwächste Stellung hat. Die Berufsgruppe der Ärzte in Deutschland ist nach wie vor der größte Konkurrent der Pflege – zwei Berufsgruppen, die unterschiedlicher nicht sein können, aber dennoch zusammenarbeiten müssen. Häufig entstehen zwischen diesen Berufsgruppen Konflikte, die aus verschiedenen Bewertungssystemen und Sichtweisen resultieren. Viele Pflegende halten die Ärzteschaft bspw. für „arrogant .. [und] überheblich" oder kritisieren die unpräzise Arbeitsweise in Bezug auf Anordnungen (Schmidt-Herholz 2009: 327). Ärzte hingegen kritisieren Pflegende häufig als zu bequem und nicht belastbar (vgl. Schmit-Herholz 2009: 327). An dieser Stelle sind insbesondere die Führungskräfte der jeweiligen Berufsgruppen gefragt, um in Konfliktsituationen mit „Kompetenz, Akzeptanz und [mit den] .. erforderlichen Befugnisse[n] ..." zu agieren (Schmidt-Herzholz 2009: 327).

Die Diskrepanzen zwischen den beiden Berufsgruppen sind zweifellos aus der Entstehungsgeschichte beider Gruppen entstanden. Hinzu kommt, dass die Akzeptanz der Eigenständigkeit der Pflege den Ärzten noch nie leicht fiel, obwohl sie eindeutig die stärkere Berufsgruppe sind und der Pflege entgegen kommen könnten (vgl. Schäfer, Jacobs 2009: 29). Dies scheint zumindest in naher Zukunft nur bedingt möglich zu sein.

Eine Studie hierzu hat ergeben, dass sich die beiden Berufsgruppen immer erst für die eigenen Interessen einsetzen, als für die der jeweils anderen Berufsgruppe. Im Weiteren verdeutlicht die Studie, dass die Pflege die Ärzteschaft anders wahrnimmt, als die Ärzte sich selbst und umgekehrt (vgl. Kanning 1997: 187 f.). Offensichtlich gibt es hier deutliche Kommunikationsbarrieren und Wahrnehmungsverzerrungen, die niemand zu überwinden bzw. zu verändern versucht. Ein wesentlicher Unterschied, der im Rahmen der Studie deutlich wurde ist, dass sich die Pflegenden stärker und offensiver für ihre Berufsgruppe engagieren, als die Ärzte es für ihren Berufsstand täten. Allerdings setzen sich die Ärzte stärker für die Interessen der Pflegekräfte ein als es wiederum die Pflegenden für die Ärzte tun (vgl. Kanning 1997: 194). Ein weiteres Ergebnis der Studie ist, dass die Berufsgruppe der Pflege sich grundsätzlich schlecht vertreten fühlt und sich dennoch überaus stark für die eigenen Interessen einsetzt (vgl. Kanning 1997: 195).

5.3 Berufsstände Verwaltung, Pflege, Medizin

Krankenhäuser werden in der Regel von drei Leitungsinstanzen der Verwaltung, der Medizin sowie der Pflege geführt. Aus der Perspektive der pflegerischen Berufsgruppe stellt sich das Machtverhältnis zwischen diesen drei Berufsgruppen jedoch alles andere als gerecht dar. Von einer Gleichberechtigung hinsichtlich der Machtverteilung kann nicht ausgegangen werden, da die Ärzteschaft auf der Grundlage „eine[s] funktionalen Primat[s] ...Autorität aufbauen kann" (Schubert

2008: 145). Negative Auswirkungen hat die ungerechte Machtverteilung u.a. auf die Arbeitsatmosphäre aller Mitarbeitenden des Krankenhauses. Es entstehen zwangsläufig interne Spannungsfelder und Konflikte zwischen den drei Instanzen, die sich auf die jeweils unterstellten Mitarbeiter auswirken und sich schließlich in der Patientenversorgung bemerkbar machen (vgl. Schubert 2008: 145 f.). Von der einheitlichen Führung des Krankenhauses kann somit nicht die Rede sein, denn „vielmehr treffen .. divergierende Interessen im Krankenhausbetrieb aufeinander und bereiten den Boden für dauerhafte Konfliktsituationen" (Schubert 2008: 145). Die damit einhergehende Isolierung der einzelnen Leitungsinstanzen wird auch als sogenannter Silo-Effekt bezeichnet (vgl. Abb. 4).

Ein weiterer negativer Aspekt, der durch die Schieflage im Machtgefüge zwischen den oben genannten Leitungsinstanzen entsteht, ist im Bereich des Krankenhausmanagements bzgl. der „Strategie und Marktorientierte[n] Unternehmensführung" zu sehen. Durch die bestehende Separierung von Verwaltung und Medizin wird der primäre „Fokus [in diesem Bereich des Managements] auf das Controlling" gelegt (Töpfer, Großekatthöfer 2006: 121). Aufgrund des Wettbewerbsdrucks, der in den letzten Jahren stetig zugenommen hat, sollten Krankenhäuser jedoch statt einer reinen Fokussierung auf Controlling an der kontinuierlichen Umsetzung ihrer Strategie sowie der bestmöglichen Positionierung im jeweiligen Markt arbeiten. Im Hinblick auf den steigenden Konkurrenzdruck in der Krankenhauslandschaft sollte es das oberste Ziel jedes Krankenhauses sein, „einen größtmöglichen Gewinn zu erzielen"(Kirchner, Kirchner 2009: 4). Um dieses Ziel erreichen zu können, ist es unabdingbar, den Kommunikationsfluss zwischen den drei Leitungsinstanzen horizontal zu führen, um eine kommunikative Isolierung untereinander zu vermeiden und eine einheitliche Unternehmensführung realisieren zu können (vgl. Töpfer, Großekatthöfer 2006: 119; s.a. Abb. 4).

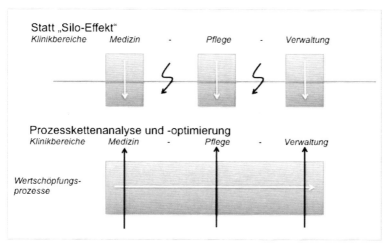

Abb. 4 Von den "Burgen" zu den "Flüssen" in der Klinik – Quelle: Töpfer, Großekatthöfer 2006: 119.

5.3.1 Führungskompetenzen des oberen Managements

Ist die einheitliche Unternehmensführung sichergestellt und verinnerlicht, müssen die Führungskompetenzen in das Bewusstsein der Führungskräfte rücken. Teamfähigkeit stellt ein wichtiges Auswahlkriterium bei der Besetzung von Führungspositionen im oberen Management dar. Neben der Eignung der Führungskraft hinsichtlich grundsätzlicher Teamfähigkeit muss in dem betreffenden Unternehmen jedoch auch Teambereitschaft vorhanden sein (vgl. Stadelhofer 2001: 167). Hiermit ist die Existenz eines Willens zur Teamarbeit und zum zielgerichteten **Teilen von Wissen** gemeint. Sind diese Grundvoraussetzungen innerhalb eines Unternehmens nicht erfüllt, kann das Unternehmen langfristig gesehen wenig von einer Führungskraft mit hochausgeprägter Teamfähigkeit profitieren (vgl. Stadelhofer 2001: 167).

Als wichtige Erfolgskriterien für Personen, die in höheren Führungspositionen tätig sind, gelten das Vorhandensein von „Management[-] und Führung[skompetenzen], Markt-Know-how und .. Fähigkeit[en], wesentliche Geschäftsprozesse zu steuern und weiterzuentwickeln" (Stadelhofer 2001: 168). Pflegerisches Fachwissen wird in höheren Positionen immer unbedeutender, Allgemeinwissen und entsprechendes strategisches Denken spielen hingegen eine wesentlich wichtigere Rolle (vgl. Stadelhofer 2001: 168; vgl. Papenhoff, Schmitz 2009: 51). Einer Umfrage der Akademie für Führungskräfte aus dem Jahre 2003 zufolge, gaben befragte Führungspersonen an, dass „die persönliche Kompetenz ... entscheidender ist als Branchen-Know-how und fachliche Expertise" (Pinnow 2012: 31).

Grundvoraussetzung für erfolgreiches Führen ist es allerdings in jeglicher Hinsicht „ein grundlegendes Verständnis für den Menschen" zu entwickeln (Wehner 2012: 8). Besonders die Berufsgruppe der Pflege benötigt empathische Vorgesetzte, welche die Arbeit der Pflegenden wertschätzen und anerkennen und ihnen die Angst vor Arbeitsplatzunsicherheiten nehmen (vgl. Pinnow 2012: 31). Werden die richtigen Managementinstrumente eingesetzt, kann dies zu einer höheren Mitarbeiterzufriedenheit führen (vgl. Lüthy, Buchmann 2009: 62). Als essentielle Managementinstrumente gelten bspw. die „[s]tandardisierte Einarbeitung neuer Mitarbeiter ...", das Führen von „Mitarbeiterjahresgespräche[n] [verknüpft] mit Zielvereinbarungen" sowie „Kontinuierliche Motivation der Mitarbeiter ..." (Lüthy, Buchmann 2009: 62).
Die Form der Mitarbeiterführung innerhalb eines Unternehmens übt einen großen Einfluss auf die Ausprägung der Mitarbeiterzufriedenheit aus. Eine hoch ausgeprägte Mitarbeiterzufriedenheit sollte heutzutage ein wesentliches Ziel von Einrichtungen in der Pflegebranche sein. Insbesondere vor dem Hintergrund der hohen Personalfluktuation, des stetig steigenden Nachwuchsmangels sowie der hohen Ausstiegsrate im Pflegesektor erscheint dies zwingend erforderlich.

5.3.2 Gesundheitsförderung durch Leitungskräfte

Insbesondere die hohe Arbeitsbelastung im Berufsalltag der Pflegenden hat langfristig gesehen Auswirkungen auf den Gesundheitszustand der Mitarbeiter. Maßnahmen zur Gesundheitsförderung der Belegschaft sollten grundsätzlich von jedem Arbeitgeber forciert werden, um die insbesondere im pflegerischen Bereich als besonders wertvoll anzusehende „Ressource Mensch" über einen langen Zeitraum zu erhalten (vgl. Nahrwold 2011: 224). So sollten „Gesundheitsförderung und Arbeitsorganisation ganz oben auf der Agenda der Mitarbeiterunterstützung" stehen (Loffing, Loffing 2010: 203).

Eine anregende Grundlage hierzu bietet die europäische Gemeinschaft. Hier startete 1987 die europaweite Förderung der Pflege in den Bereichen „Public Health, Gesundheitsförderung und gemeindenahe[r] Entwicklungsarbeit" (Hasseler, Meyer 2006: 90). Führungskräfte eines Krankenhauses müssen es sich zur Aufgabe machen, die Gesundheit der Mitarbeitenden zu erhalten, zu fördern und Krankheiten vorzubeugen. Im ersten Schritt sollten in diesem Zusammenhang die bestehenden Strukturen eines Krankenhauses kritisch hinterfragt werden, denn „das Krankenhaus [ist] .. eine Organisation mit zu viel Hierarchie und zu wenig Führung" (Meggeneder 2000: 42). Um Maßnahmen zur Gesundheitsförderung etablieren zu können, müssen die Krankenhausstrukturen so verändert werden, dass Erfahrungen von Mitarbeitern transparent und für eine Umsetzung nutzbar werden (vgl. Meggeneder 2000: 42). Sowohl bei den Mitarbeitern als auch bei den Führungskräften ist „ein entsprechendes Grundverständnis bzgl. der Organisationskultur" absolut notwendig (vgl. Nahrwold 2011: 236).

Meggeneder unterscheidet zwischen den Begrifflichkeiten der „Gesundheitsförderung im Betrieb" und der „betrieblichen Gesundheitsförderung" (vgl. 2000: 43). So ist unter Gesundheitsförderung im Betrieb die Bewusstmachung eines gesunden Lebensstils, der den Mitarbeitenden bspw. durch Informationsveranstaltungen näher gebracht werden kann, zu verstehen (vgl. Meggeneder 2000: 43 f.).

Betriebliche Gesundheitsförderung hingegen meint die Ausrichtung eines Betriebes auf gesunderhaltende Eigenschaften des Arbeitsumfeldes (vgl. Meggeneder 2000: 43 f.). In den meisten Fällen geht das Management davon aus, dass Mitarbeiter alleine verantwortlich für ihre Gesundheit seien (vgl. Meggeneder 2000: 45). In diesem Zusammenhang dürfen die Umstände, unter denen die Mitarbeiter ihre Arbeit verrichten jedoch nicht außer Acht gelassen werden. Gerade im pflegerischen Bereich ist aufgrund der steigenden Arbeitsbelastung eine wachsende Ausfallquote zu verzeichnen (vgl. Nahrwold 2011: 223). Dies wiederum wirkt sich negativ auf die Wirtschaftlichkeit des Unternehmens aus. Das Statistische Bundesamt errechnete für das Jahr 1999 einen wirtschaftlichen Schaden aller „deutschen Betriebe[n] in Höhe von 44 Milliarden Euro durch krankheitsbedingte Fehlzeiten" (Nahrwold 2011: 225). Allein aus diesem Grund sollten Arbeitgeber in die Gesundheitsförderung ihrer Mitarbeiter investieren, um zu einer Senkung bzw. Prävention einer weiteren Steigerung der Personalkosten beizutragen (vgl. Nahrwold 2011: 236 f.). Neben dem Benefit, der für die Mitarbeiter durch die Umsetzung von gesundheitsförderlichen Maßnahmen entsteht, ist ebenfalls festzuhalten, dass durch derartige Maßnahmen die Attraktivität des Unternehmens positiv beeinflusst wird. Dies ist bspw. für die Personalrekrutierung von Bedeutung, da Pflegekräfte, die aufgrund einer Erkrankung aus dem Beruf ausgestiegen sind, sich bei einem Wiedereinstieg für einen Arbeitgeber mit gesundheitsförderlichen Arbeitsbedingungen entscheiden würden (vgl. Nahrwold 2011: 224 f.).

6 Zukunft der Pflege in Deutschland

Es gibt unzählige Beispielländer, in denen der Berufsstand der Pflege hoch angesehen ist, eine angemessene Bezahlung erhält und die gesellschaftliche Anerkennung eine Selbstverständlichkeit geworden ist. Obwohl die Pflege in Deutschland ihren Ursprung hatte, konnte sie sich in vielen anderen Ländern wesentlich schneller entwickeln und auf gesellschaftlicher Ebene besser etablieren (vgl. Kapitel 2). Wie die Vergangenheit verdeutlicht, war es mitunter das christliche Leitbild, das die Pflege zu einem Beruf der Selbstlosigkeit werden ließ. Diese Ansichten haben sich bis heute nicht bedeutend verändert (vgl. Neumann 2009: 9 f.). So sind die Selbstlosigkeit, die besondere Tugendhaftigkeit und eine charismatische Persönlichkeit als Voraussetzungen für den Pflegeberuf zu sehen (vgl. Neumann 2009: 9). Vor allem durch die Rolle der Berufsverbände und der Kirche, die von der einstigen Ansicht der Pflege als „Liebestätigkeit" nicht abwichen, konnte sich diese Vorstellung von Pflege über viele Jahre hinweg halten (vgl. Neumann 2009: 10). Hinzu kommt, dass der Berufsstand der Pflege aus der Ärzteschaft heraus entstand (vgl. Neumann 2009: 10; vgl. Meiwes 2008: 57).

Durch die Professionalisierung und Akademisierung der Pflege wurde ein Wandel des Berufsbildes eingeleitet. So hat sich die Pflege in Deutschland bereits durch Fachweiterbildungen, entsprechende Spezialisierungen sowie die Etablierung von Studiengängen seit dieser Zeit deutlich weiterentwickelt (vgl. Neumann 2009: 10 f.). Mittlerweile gehören zum pflegerischen Berufsbild die „Handlungsfelder ... der präventiven, rehabilitativen und kurativen Patientenzentrierung auf der Mikro-, Meso- und Makroebene der Gesellschaft und das Management des Berufes sowie Forschung und Lehre in der Pflege" (Neumann 2009: 10). Diese Evolution der Pflege trägt entscheidend dazu bei, dass sich hinsichtlich der Wahrnehmung der Pflegetätigkeit diese vom „Dienen" zur „modernen Dienstleistung" verändern konnte.

6.1 Weitere Entwicklung des Pflegeberufes

Verglichen mit anderen Ländern und vor dem Hintergrund zukünftiger Perspektiven befindet sich die pflegerische Berufsgruppe in Deutschland in einem Weiterentwicklungsprozess. Die Weiterentwicklung der Pflege zu einem von der Ärzteschaft unabhängigen Beruf und zu einer sogenannten Profession sowie eine allgemeine Professionalisierung muss zukünftig weiterhin forciert werden.

Dies bedeutet, dass der Pflegeberuf mit „Autonomie und eine[r] [eigenen] Berufsethik" charakterisiert werden muss (vgl. Neumann 2009: 13).

Ein erster Ansatz für den weiteren Ausbau der Professionalisierung der Pflege ist in der Zusammenführung der bislang dreigeteilten Pflegeausbildung (Kranken-, Kinderkranken- und Altenpflege) zu sehen (vgl. Neumann 2009: 13). Die Ausrichtung der Pflegeausbildung sollte sich demnach nicht mehr an den menschlichen Lebensphasen orientieren, sondern vielmehr an der Komplexität und dem Schweregrad der zu pflegenden Personen (vgl. Neumann 2009: 13). Des Weiteren sollten die Schwerpunkte im Rahmen der Ausbildung ausgeglichen zwischen der häuslichen und der stationären Pflege gesetzt werden. Dies erscheint insbesondere vor dem Hintergrund des demographischen Wandels und der Verlagerung des Pflegeaufwandes in den ambulanten Sektor relevant zu sein (vgl. Keuchel 2007: 22). Zeitgemäße Pflege muss in der Ausbildung der Pflegekraft ihren Ursprung haben. Die Sozialisierung des „Dienens" ist gänzlich aus dem Ausbildungskonzept zu tilgen, während „die Förderung ... der Fähigkeit zum konstruktiven Umgang mit den sich wandelnden Rahmenbedingungen unter Wahrung der Qualität pflegerischer Leistungen" gezielt vermittelt werden muss (Keuchel 2007: 22). Insbesondere die Anwendung von qualitätssichernden Maßnahmen ist für eine zeitgemäße Pflege unabdingbar (vgl. Sperl 1996: 7).

Insgesamt ist für die Eigenständigkeit des pflegerischen Berufsstandes „aktives Mitdenken, [und] nicht blinde[r] Gehorsam" anzustreben (Sperl 1996: 148). Somit sollte die pflegerische Berufsgruppe ihr Tätigkeitsfeld in Richtung verantwortungsvoller behandlungspflegerischer Maßnahmen weiterentwickeln, während z.B. Reinigungstätigkeiten an andere Beschäftigtengruppen übergehen sollten. Durch diese und weitere Bestrebungen sollte versucht werden, die Emanzipation der pflegerischen Berufsgruppe voranzubringen (vgl. Sperl 1996: 148). Anzustreben ist grundsätzlich, dass die Pflege zukünftig auf Augenhöhe mit den anderen Berufsgruppen des Gesundheitssystems zusammenarbeitet, insbesondere der ärztlichen. Diese Veränderungen setzen eine Modifizierung des Rollenbildes der Pflegenden voraus.

6.1.1 Änderung des Rollenbildes der Pflegekraft

Wie bereits in Kapitel 4 ausgeführt, werden Pflegekräfte in der deutschen Gesellschaft eher als eine Form der „Schwester Stefanie" mit Helfer-Komplex und Mitleids-Syndrom gesehen, als eine professionell wirkende Pflegekraft mit dreijähriger Ausbildung. Darüber hinaus wird häufig ausgeblendet, dass es sich bei der Pflege um „einen professionellen Dienstleistungsberuf mit einer theoretischen und wissenschaftsbasierten Grundlage [handelt und] .. [dieser dazu beiträgt, in Deutschland] eine qualitativ hohe Gesundheits- und Pflegeversorgung .. [sicherzustellen]" (Hasseler, Meyer 2006: 53). Hasseler und Meyer schreiben weiter, dass die Pflege nicht ernst genommen wird, insbesondere in den Bereichen Prävention und Public Health sei sie noch ausbaufähig (2006: 52). So sollte sich Pflege in jedem Fall mit den „Konzepten und Theorien der Gesundheits- und Sozialwissenschaften" auseinandersetzen und „…. die Erkenntnisse aus Gesundheitsforschung wie die personalen, sozialen und strukturellen Determinanten von Gesundheit oder das Salutogenese-Konzept … für pflegerisches präventives Handeln zugrunde .. legen" (Hasseler, Meyer 2006: 52)[28].

Des Weiteren müssen Spezialisierungen erfolgen, die über entsprechende Fort- und Weiterbildungen angeboten werden, da die Herausforderungen im beruflichen Alltag der Pflegenden enorm angestiegen sind. Darüber hinaus sind die Pflegenden jedoch ebenso in der Pflicht, derartige Angebote in Anspruch zu nehmen und nicht in einen Zustand

---

[28] Zit. n. Brieskorn-Zinke 2000.

der Resignation zu verfallen (vgl. Hasseler, Meyer 2006: 52). Neben dem derzeit bestehenden Fort- und Weiterbildungsangebot sollten zukünftig ebenso innovative Pflegeberufe entwickelt werden, die in neuen Arbeitsnischen angesiedelt sind und bspw. über „Master-Programme mit .. Abschl[ü]ss[en] [wie] Public Health Nurse, Family Health Nurse o. Ä." erlangt werden können (Hasseler, Meyer 2006: 52).

Das Rollenbild der Pflege muss sich allerdings auch in die Richtung der Selbständigkeit entwickeln, sich also aus der Abhängigkeit gegenüber der Ärzteschaft und den Führungskräften loslösen. Die Pflegekräfte müssen sich zunehmend bewusst machen, dass sie durch ihren eigenen Willen und durch die Kraft der Selbstmotivation Veränderungen in ihrem Rollenbild herbeiführen können (vgl. Heusel o.J.: 122). So muss sich vor dem Hintergrund einer zeitgenössisch ausgerichteten Pflege das Verständnis der Pflegenden dahingehend verändern, dass sie nicht mehr als „Anwälte der Patienten" fungieren (Sperl 1996: 148). Sowie Pflegende eine „blinde" Verantwortung für „ihre" Patienten empfinden, sind sie von anderen Berufsgruppen, insbesondere von den Ärzten, „erpressbar" (vgl. Sperl 1996: 148). Pflegende sind somit angehalten, die Verantwortung gegenüber ihren Patienten mit den anderen am Behandlungsprozess beteiligten Berufsgruppen aktiv zu teilen, um ein selbstbewussteres Auftreten sowie eine verstärkte Nutzung von horizontaler Delegation zu ermöglichen.

Die Bewusstmachung der eigenen Kraft, „das Wissen um die eigene Motivation und Stellung ist unerläßlich [!] ... [um] eine moderne, realistische Pflege" zu etablieren (Sperl 1996: 149). Eine gewünschte Veränderung zu besseren Konditionen in der Pflege kann diese Berufsgruppe sich nur selbst erarbeiten, dafür müssen aber genau definierte Bedingungen gestellt werden (vgl. Sperl 1996: 149).

6.1.2 Änderung des Rollenbildes der Führungskraft in der Pflege

Die Führungskräfte in der Pflege sind insbesondere angehalten, ihren Beitrag zur Steigerung des Selbstbewusstseins und zu einer Verbesserung der Attraktivität der Pflege zu leisten. Die Voraussetzungen hierfür sind unter anderem ein partnerschaftlicher Umgang mit den unterstellten Mitarbeitern, der fördernd und motivierend ausgestaltet wird (vgl. Abschnitt 5.1). Bereits in vielen Gesundheitsunternehmen werden die Vorgesetzten von ihren Mitarbeitern als eine Form von Partner angesehen. Diese Sichtweise wirkt sich grundsätzlich förderlich auf das wechselseitige Vertrauensverhältnis aus (vgl. Schambortski 2006: 11).

In der Vergangenheit wirkte sich das Verhalten vieler Führungskräfte in Gesundheitseinrichtungen allerdings dahingehend aus, dass kein partnerschaftliches Verhältnis entstehen konnte. Vielmehr war die Führung der Pflege gesteuert von „eine[r] reaktive[n], ,verwaltende[n]' Personalpolitik ...[, die eher] auf die Rekrutierung ... von .. ärztlichen Spezialisten" setzte, als auf die Pflege (Borsi o.J.: 28). Dies hatte nachhaltige negative Auswirkungen auf das Berufsbild der Pflege. Die Ausbildung von Nachwuchskräften in Krankenpflegeschulen wurde in der Vergangenheit von vielen Gesundheitseinrichtungen häufig als Selbstverständlichkeit betrachtet. Aufgrund dieser Einstellung wurden lediglich kurzfristig orientierte Lösungen hinsichtlich der Rekrutierung von Nachwuchspersonal entwickelt (vgl. Borsi o.J.: 28). Des Weiteren war der frühere Stil der Führungskräfte eher von „dem Gehorsam der Untergebenen [abhängig] oder [speiste sich] aus einem großen Wissensvorsprung" (Pinnow 2012: 25).

Zukünftig sollten Führungskräfte der Pflege stärker, verlässlicher, authentischer und menschlicher wirken, denn die Erwartungshaltung der unterstellten Mitarbeiter ist groß (vgl. Schambortski 2006: 15). Aus der Perspektive der Führungskräfte sollte sich ebenfalls das Verständnis für die Mitarbeiter hinsichtlich sozialunternehmerischer Aspekte ändern. Aufgrund des Nachwuchsmangels und der hohen Ausstiegsrate aus dem Pflegeberuf müssen die Vorgesetzten der Pflege „die ‚frontline'-Professionen als primäre Unternehmensressource" erkennen und entsprechend fördern (Borsi o.J.: 28).

Ferner muss ein Paradigmenwechsel der Pflege von den Führungskräften mithilfe von neuartigen Managementkonzepten tatkräftig unterstützt und weiter ausgebaut werden (vgl. Borsi o.J.: 13, 30). Dies beinhaltet vor allem „**[n]eue Ideen und [neue] Denkansätze**" der Leitungspersonen (Borsi o.J.: 30). Es geht heute und in Zukunft vielmehr um das Ersuchen von „Chancen und Ressourcen" sowie um das Mithalten „im Zuge der Globalisierung und der Digitalisierung" (Pinnow 2012: 25)[29].

6.1.3 Der moderne Führungsstil

Die Entwicklung der Pflege entsprechend zeitgenössischen Erfordernissen verlangt nach einem modernen Führungsstil. So muss zunächst festgehalten werden, dass es der Pflege nicht nur an Gesundheits- und Krankenpflegekräften mangelt, sondern auch an fähigen und guten Führungskräften (vgl. Pinnow 2012: 30). Sozialkompetenzen und ein gewandeltes Mitarbeiterverständnis reichen allerdings für die Führung im 21. Jahrhundert nicht mehr aus. So kamen bei einer Studie der Akademie für Führungskräfte folgende Fähigkeiten eines modernen Führungsstils heraus:

1. „die Bereitschaft, Verantwortung an Mitarbeiter abzugeben,
2. die Fähigkeit, Probleme im Team zu lösen,
3. das ehrliches [!] Interesse am Mitarbeiter,
4. die Freude an selbständiger Arbeit und großer Verantwortung
5. und hohe Selbstmotivation" (Pinnow 2012: 30).

Wie im vorherigen Abschnitt bereits umrissen, gehört auch ein partnerschaftlicher Führungsstil zur Führung der Neuzeit. Hiermit ist eine Art von Führung auf Augenhöhe gemeint (vgl. Pinnow 2012: 30). Deshalb müssen die Führungskräfte von heute und alle nachkommenden Führungskräfte einen Führungsstil entwickeln, der „ohne die traditionellen „Krücken" wie Stellung, Titel und Autorität" zurechtkommt (Pinnow 2012: 25). Die Begrifflichkeit „Modern" meint in diesem Zusammenhang die Fähigkeit zu besitzen, Menschen zu führen und nicht nur den Blick auf die Zahlen zu richten. Die Führungskraft muss sich in das eigentliche Geschehen begeben und „das Unternehmen als lebendigen Organismus und sich selbst nicht als Außenstehenden" sehen (Pinnow 2012: 30). Der Blick muss hierbei auf die Zukunft und Überle-

---

[29] Zit. n. Sprenger 2000: 18-24.

bensfähigkeit des Unternehmens gerichtet sein. Erfolg haben deshalb nur diejenigen, die sich dem gesellschaftlichen Wandel, dem Paradigmenwechsel der Pflege und der Emanzipation der Pflegenden widmen und mit entsprechenden Visionen und mutigem Handeln diese Veränderungen managen können (vgl. Pinnow 2012: 30).

„[V]orgeben, vorschreiben oder bevormunden" ist Führung von gestern, die schnellstmöglich abgelegt werden muss (Pinnow 2012: 30).

6.2 Politische Rahmenbedingungen

Die gesellschaftliche Anerkennung der Pflege kann in erster Linie durch die Politik verbessert werden. Hierzu ist sowohl materielle als auch immaterielle Unterstützung notwendig. Ebenfalls erscheint dies notwendig, um die Führungskräfte zu einer Mitwirkung am Wandlungsprozess der Pflege zu motivieren (vgl. Stöcker 2002: 64). Die Führungskräfte der Pflege benötigen Hilfe und Unterstützung von der Politik, denn die Berufspolitik innerhalb eines kurzen Zeitraumes zu verändern, erfordert viele Unterstützer und Befürworter (vgl. Milisen, Abraham, De Maesschalck 2004: 14). Nicht nur die Politik, sondern auch „die Finanzierungsträger, die Arbeitgeber- und Arbeitnehmerorganisationen sowie die Pflegeverbände und letztendlich jede professionell Pflegende selbst" stehen in der Pflicht, die Pflege bei ihren Bestrebungen zu unterstützen (Landenberger et al. 2005: 19). Das wichtigste Argument für die politische Unterstützung besteht in den Auswirkungen des demographischen Wandels. In diesem Zusammenhang sind bspw. der Nachwuchsmangel sowie die stetig alternde Gesellschaft zu nennen. Somit wird deutlich, dass „Gesundheitspolitik .. auf allen Ebenen der Gesellschaft [geschieht]" (Neumann 2009: 16; vgl. Milisen, Abraham, De Maesschalck 2004: 9).

Zu den wesentlichen Aufgaben und Zielen von Gesundheitspolitik zählt grundsätzlich die gezielte Gesundheitsförderung der Bevölkerung eines Landes (vgl. Gethmann et al. 2005: 194). Seit vielen Jahren wird von der deutschen Gesundheitspolitik jedoch eher die „traditionelle kurative **Medizin**" in den Fokus der Betrachtungen gerückt (Gethmann et al. 2005: 194; Herv. d. Verf.). Diese Fokussierung lässt sich ebenfalls an den Gesundheitsausgaben im Bereich der Prävention ablesen, die im Vergleich zur kurativen Medizin verhältnismäßig gering ausfallen. Deutschland lag mit seinen Ausgaben für Gesundheitsförderung und Prävention im Jahr 2005 bei 4,8% der Gesamtausgaben (vgl. OECD 2006: 42). Im Vergleich zu den anderen OECD-Ländern liegt Deutschland zwar weit vorne, dennoch wird deutlich, dass die politischen Absichten in medizinischer Hinsicht primär kurativ ausgerichtet sind.

Das sogenannte Bündnis Gesundheit 2000 fördert einen partnerschaftlichen Umgang innerhalb des Gesundheitswesens. Die im Vordergrund stehende Aufgabe der Politik besteht nach Ansicht des Bündnisses darin, als Unterstützer für eine erfolgreiche Zusammenarbeit aller Berufsgruppen des Gesundheitswesens zu agieren und somit eine Sicherung der Qualität in der Patientenversorgung zu gewährleisten (vgl. Stöcker 2002: 65).

6.2.1 Zusammenschlüsse der Berufsverbände

Für eine erfolgreiche Zusammenarbeit und eine einheitliche Kommunikation zwischen allen Berufsgruppen innerhalb des Gesundheitswesens ist es als sinnvoll anzusehen, wenn die zahlreichen Berufsverbände und -organisationen einen Zusammenschluss bildeten. So kam es im Jahre 1993 zu einer Kooperationsvereinbarung zwischen den Berufsorganisationen ADS, BA, BALK, BeKD, DBfK und der Bundesärztekammer, um die Zusammenarbeit zwischen den Ärzten und Pflegenden zu optimieren (vgl. Stöcker 2002: 65). Es erfolgten dadurch Einbindungen der Pflege in Sondergutachten und Gesundheitsberichterstattungen, die nachfolgend zu „eine[r] offizielle[n] Würdigung" der Pflege führte und sie 1997 zu einem „**Partner** im Gesundheits- und Sozialwesen" werden ließ (Stöcker 2002: 66; Herv. d. Verf.). Durch eine Veränderung in der Verantwortung der Pflege gegenüber der Gesellschaft erwuchs eine „zunehmende Notwendigkeit ... pflegerische Interessen zu bündeln, aktiv mitzugestalten und durchzusetzen" (Stöcker 2002: 66).

Im Jahre 1998 wurde der Deutsche Pflegerat (DPR), ein Zusammenschluss von mehreren pflegerischen Berufsverbänden[30], gegründet (vgl. Stöcker 2002: 66). Der Zeitpunkt der Gründung des DPR ist im Vergleich zu den Berufsverbänden der Mediziner jedoch als relativ spät anzusehen. Bereits im Jahre 1947/48 erfolgte mit der Gründung des Marburger Bundes der Zusammenschluss von angestellten und verbeamteten Ärzten (vgl. Schroeder et al. 2011: 297; vgl. Marburger Bund 2013a).

Nicht außer Acht gelassen werden darf in diesem Zusammenhang jedoch der Deutsche Berufsverband für Pflegeberufe (DBfK), denn dieser ist „der größte Verband" der Berufsgruppe der Pflege (Isfort 2011: 20). Innerhalb des Verbandes werden, vergleichbar mit dem DPR, die Interessen der pflegerischen Berufsgruppe gebündelt und vertreten. Des Weiteren gehört es zu den Hauptaufgaben eines Berufsverbandes, wie dem DBfK, die Berufsinteressen gegenüber der Politik zu vertreten und Stellung zu Gesetzesentwürfen und politischen Entscheidungen zu beziehen (vgl. Isfort 2011: 20).

Vernetzt ist der DBfK bspw. mit „dem International Council of Nurses [(ICN)] und der European Federation of Nurses Association [(EFN)]" (Isfort 2011: 20). In dieser landesübergreifenden Vernetzung ist ein Schritt in die richtige Richtung zu sehen, da die Pflege Deutschlands somit einen Austausch mit den Nachbarländern pflegen kann und in der Lage ist, sich hinsichtlich verschiedenster Themengebiete an einem europäischen Maßstab zu orientieren. Insbesondere das Bündnis mit dem ICN ist als dringend erforderlich anzusehen, da dieser Verband seit 1899 „die internationale Stimme der Pflege [ist] und [es] .. sich zum Ziel [macht], Pflege von hoher Qualität für .. [die Bevölkerung] sicherzustellen und sich für eine vernünftige Gesundheitspolitik **weltweit** einzusetzen" (Höfert 2009: 176; Herv. d. Verf.). Dem ICN gehören deshalb „122 nationale Berufsverbände der Pflege [an,] .. [darüber hinaus] vertritt [dieser] weltweit Millionen von Pflegenden" (Fölsch 2008: 37). Ausgegangen von der Perspektive des ICN kann in

---

[30] Hierzu zählen die folgenden Berufsverbände: ADS, AVG, BeKD, BFLK, BVPM, BVG, DBfK, DGF, DHV, DPV, DVLAB, VdS, VfAP, VHD, VPU (Deutscher Pflegerat 2013).

Deutschland von einem „geringen Grad der Organisiertheit der Pflegekräfte in Berufsverbänden" ausgegangen werden (Kumbruck et al. 2010: 186). In diesem Punkt befindet sich Deutschland auf einem deutlich niedrigeren Niveau als vergleichbare Nachbarländer. Die Vermutung liegt nahe, dass dies mit der Einstellung der deutschen Pflegekräfte gegenüber dem eigenen Berufsstand zu tun hat.

6.2.2 Einführung einer Pflegekammer

Trotz der Gründung des DPR und dessen Kooperationsvereinbarung mit sämtlichen Berufsverbänden, dauert die Einführung einer Pflegekammer immer noch an. Seit Jahren wird von den Berufsverbänden eine Pflegekammer gefordert, doch die entsprechende politische Durchsetzung fehlt bisweilen (vgl. Mettrop 2007: 350). So gibt es Länder wie bspw. Irland, Italien, Spanien, Großbritannien, Norwegen und Polen, die bereits seit Jahren über Pflegekammern verfügen (vgl. Hanika 2012: 703). In England besteht die Pflegekammer seit 1921 (vgl. Bürki 2008: 119; vgl. Schroeter 2006: 61). Am Beispiel der Länder England und den USA, die schon früh um eine Professionalisierung des Pflegeberufes gekämpft hatten, lässt sich ebenso erklären, warum es in den Ländern, die über eine Pflegekammer verfügen, längst Studiengänge im Bereich der Pflege (Bachelor of Science in Nursing) gibt (vgl. Bürki 2008: 120 f.)[31]. Insbesondere in England gehen die Professionalisierungsbestrebungen von den dort ansässigen Pflegekammern aus (vgl. Landenberger et al. 2005: 101).

Bei einem Blick in die benachbarten Länder wird deutlich, dass Pflegekammern im europäischen Raum längst als Selbstverständlichkeit anzusehen sind (vgl. Robert Bosch Stiftung 2001: 120). Ein auf Deutschland bezogenes Hemmnis hinsichtlich der Etablierung von Pflegekammern liegt darin begründet, dass „bei uns .. jeder pflegen [darf] und .. es angeblich auch [jeder kann]" (Kreimer 2004: 128). Die hier beschriebene Ansicht über das Erlernen und über die Ausübung der Pflege muss sich zukünftig verändern, um die gesellschaftliche Aner-

---

[31] In England wurde 1921 der General Nursing Council gegründet. In den USA gab es ähnliche Institutionen, die eine Selbstverwaltung der Pflege unterstützten. In beiden Ländern konnte zu Beginn des 20. Jahrhunderts eine entsprechende Akzeptanz bei der Ärzteschaft erreicht werden, die es ermöglichte, mit den Ärzten auf Augenhöhe zu arbeiten (vgl. Bürki 2008: 120).

kennung zu verbessern und „ein öffentliches Interesse für die politische Durchsetzbarkeit" einer Kammer zu erzielen (Kreimer 2004: 128).

Eine einheitliche Selbstverwaltung auf bundesdeutscher Ebene existiert im Pflegesektor bislang noch nicht. Aufgrund dessen befindet sich die Pflege in einem Abhängigkeitsverhältnis gegenüber anderen Institutionen. Um sich als eigenständige Profession zu etablieren ist es jedoch zwingend notwendig, eine eigene Selbstverwaltung aufzubauen. Erst hieraus kann eine „Berufsorganisation mit entsprechender Autonomie ... für die Kontrolle über die eigene Arbeit" entstehen (Schroeter 2006: 60). Aus Sicht der Pflege ist es notwendig, sich von der Abhängigkeit gegenüber den Ärzten und anderen Berufsgruppen loszulösen. Dies muss zwangsläufig mit der Einführung einer Pflegekammer einhergehen (vgl. Schroeter 2006: 61). Trotz der formalen Gleichberechtigung neben den Ärzten fehlen der Pflege bislang eine eigene Wissensgrundlage sowie Selbständigkeit und „'Klärung ihres Gegenstand[e]s'" (Schroeter 2006: 61)[32].

6.2.3 Aufgaben einer Pflegekammer
Im Vergleich zu den bereits bestehenden Berufsverbänden sowie Arbeitsgemeinschaften und Gewerkschaften könnten Pflegekammern in Deutschland nach Etablierung für die folgenden hoheitlichen Aufgaben verantwortlich sein:
- „Selbstverwaltung des Berufsstands,
- Führung von Berufsregister,
- Definition der Berufspraxis,
- Festlegung und Überwachung von Standards für Ausbildung und Praxis,
- Akkreditierung von Curricula,
- Abnahme von Prüfungen,
- Lizenzierung (Lizenzerteilung und Lizenzerneuerung),
- Vergabe von Konzessionen,
- Qualitätssicherung,

---

[32] Zit. n. Schaeffer 1994: 117, 119, 124; vgl. auch Voges 2002: 138ff.

- Beratung, Gutachten, Expertisen,
- Schiedsstellentätigkeit" (Hanika 2012: 703).

Im Vergleich zu den oben genannten Aufgaben einer Pflegekammer, sehen die Aufgaben der Pflegekammer in England (Nursing & Midwifery Council) wie folgt aus:

- „Fragen des beruflichen Zugangs,
- die Einführung und Verbesserung von Ausbildungsstandards und
- Standards für einen Verhaltenskodex,
- das Festlegen der Regeln für die Registrierung,
- das Führen des Registers und von
- Disziplinarverfahren bei Verstößen gegen den professionellen Verhaltenskodex" (Landenberger et al. 2005: 101).

An der Gegenüberstellung der Aufgaben wird deutlich, dass zwischen den Pflegekammern im länderspezifischen Vergleich große Unterschiede bestehen. Bei einer Etablierung von Pflegekammern würden diese „manchen Ämtern Aufgaben abnehmen" und hätten insgesamt „international positive Gesamtauswirkungen und eine Entlastung der staatlichen Demokratie" zur Folge (Kreimer 2004: 128).

Vor dem Hintergrund, dass bislang keine Institution in Deutschland die oben genannten Aufgaben in gebündelter Form inne hat, ist es zwingend erforderlich, eine Pflegekammer einzurichten. Die Zusammenführung dieser Aufgaben könnte dazu beitragen, dass berufspolitische Interessen gezielter durchgesetzt und ein Abbau von Bürokratie erzielt werden könnte. Auffallend ist, dass in dem im Jahre 2004 gegründeten Gemeinsamen Bundesausschuss, der das „oberste Beschlussgremium der gemeinsamen Selbstverwaltung" aller Akteure des Gesundheitswesens[33] darstellt, die pflegerische Berufsgruppe nicht vertreten ist (Gemeinsamer Bundesausschuss 2013). Institutionen, wie die Pflege-

---

[33] Ärzte, Zahnärzte, Psychotherapeuten, Krankenhäuser und Krankenkassen in Deutschland (vgl. Gemeinsamer Bundesausschuss 2013).

kammern, könnten zukünftig den Berufsstand der Pflege im Gemeinsamen Bundesausschuss vertreten.

6.3 Möglichkeiten der Arbeitgeber zur Attraktivitätssteigerung

Die Möglichkeiten der Arbeitgeber zur Attraktivitätssteigerung des Pflegeberufes liegen vor allem in der Unterstützung und Stärkung der institutionellen Pflege. Stünden die Arbeitgeber der Gesundheitsbranche hinter der Berufsgruppe der Pflege, insbesondere in Bezug auf einen möglichen **Stellenaufbau**, könnte das Selbstbewusstsein der Pflege für seinen eigenen Berufsstand einzustehen, wachsen. Dies wäre durchaus mit Hilfe von Interessensgemeinschaften in Kooperation mit den zahlreichen Berufsverbänden denkbar. Kooperationen von Arbeitgebern, Hochschulen und Berufsverbänden könnten des Weiteren einen Beitrag zur Transparenz des Pflegeberufes in der Gesellschaft leisten, indem sie mehr Öffentlichkeitsarbeit betreiben würden. Die Arbeitgeber müssen sich ihrer Verantwortung der institutionsbezogenen Attraktivitätsverbesserung des pflegerischen Berufes bewusst werden. Hiermit ließe sich auch die Attraktivität des gesamten Betriebes gegenüber potentiellen Bewerbern bzw. neuen Mitarbeitern erhöhen. In diesem Zusammenhang ist ein gut funktionierendes Personalmarketing mit Stellenanzeigen, Internetauftritten, Personalgesprächen usw., eine Grundvoraussetzung (vgl. Haubrock 2012: 10; vgl. Loffing, Loffing 2010: 77).

Geeignete Maßnahmen zur innerbetrieblichen Attraktivitätssteigerung sind bspw. eine Verbesserung der Arbeitsbedingungen, eine Anpassung der Dienstzeiten an die individuellen Bedürfnisse der Beschäftigten oder auch das Bestehen von Serviceangeboten des Arbeitgebers (z.B. betriebsärztliche Beratung) zur Förderung der Work-Life-Balance (vgl. Von Kettler 2010: 149). Aufgrund des fortschreitenden demographischen Wandels stehen viele der Beschäftigten in der Verpflichtung zur Pflege ihrer möglicherweise schon pflegebedürftigen Eltern (vgl. Von Kettler 2010: 149). Gelingt es dem Arbeitgeber die Arbeitszeiten an diese Erfordernisse anzupassen, können die Arbeitsbelastungen insgesamt minimiert, Freizeit der Beschäftigten besser geplant und „Pflegende ... zum Bleiben motiviert werden" (Mücke 1993: 778).

Um einer hohen Personalfluktuation entgegen zu wirken, müssen Arbeitgeber auch verstärkt auf die Einarbeitung neuer Mitarbeiter achten, um diese nicht gleich wieder an die Konkurrenz zu verlieren (vgl. Loffing, Loffing 2010: 99). Hierbei fallen die Investitionen in die Einarbeitung neuer Mitarbeiter bedeutend geringer aus als wiederholte Maßnahmen zur Personalrekrutierung.

6.4 Verantwortung der Arbeitgeber

Ein attraktiver Arbeitgeber muss den Pflegekräften Anreize bieten, sich bei diesem zu bewerben (Eintrittsanreize), im Unternehmen zu bleiben (Bleibeanreize) und entsprechend Leistung zu zeigen (Leistungsanreize) (vgl. Loffing, Loffing 2010: 157). Es liegt in der Verantwortung des Arbeitsgebers, inwieweit im Vorfeld das Image und die entsprechenden Angebote für Mitarbeitende gepflegt wurden, damit sich interessierte Arbeitssuchende für einen Arbeitgeber entscheiden (vgl. Schulte 2012: 11).

Laut einer Studie der Otto-von-Guericke-Universität Magdeburg ist ein Arbeitgeber dann besonders für junge Nachwuchskräfte attraktiv, wenn dieser eine **faire** Vergütung anbietet (vgl. Schulte 2012: 30). Dies steht ebenfalls in Relation zur besseren Attraktivität des Pflegeberufes durch bessere Bezahlung (s.a. Abschnitt 4.2.2). Arbeitgeber müssen sich zukünftig darauf einstellen, dass sich Pflegekräfte, vor dem Hintergrund des Personalmangels, den Arbeitgeber aussuchen können. Arbeitgeber hingegen stehen in einem starken Konkurrenzkampf mit anderen Arbeitgebern, die sich alle um die noch auf dem Markt befindlichen Pflegekräfte bemühen.

Der Prozess zur Erhöhung der gesamtbetriebsbezogenen Attraktivität gegenüber potentiellen Bewerbern ist für Arbeitgeber als langwierig anzusehen. So beschreibt Achenbach den Weg der „wenig spürbaren Unattraktivität" bis hin zur „wenig spürbaren Attraktivität" (2003: 264; s.a. Abb. 5). Langfristig sollte das Ziel angestrebt werden, „als attraktiver Arbeitgeber am Arbeitsmarkt wahrgenommen zu werden" (Achenbach 2003: 264). Je attraktiver ein Arbeitgeber für den Berufsstand der Pflege ist, umso attraktiver wird der Pflegeberuf insgesamt in der Gesellschaft wahrgenommen.

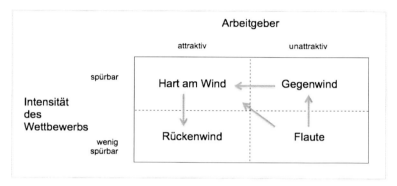

Abb. 5 Entwicklungspfade des Personalmanagements – Quelle: Achenbach 2003: 264.

7 Empfehlungen und Fazit

Die Ausführungen der vorangegangenen Kapitel machen deutlich, dass sich die pflegerische Berufsgruppe in Deutschland gegenüber den anderen Akteuren des Gesundheitswesens und im Speziellen der ärztlichen Berufsgruppe positionieren muss. Hierzu ist es notwendig, mit einheitlicher Stimme klar strukturiert gegenüber der Politik Stellung zu beziehen. Nicht nur die Bereitschaft zu einem internen Paradigmenwechsel muss die Berufsgruppe Pflege signalisieren, sondern auch äußere Widerstände müssen gezielt angegangen werden (vgl. Fricke 2013: 1). Vor allem die Arbeitgeber innerhalb des Gesundheitswesens sind in der Verantwortung, den Pflegeberuf positiv darzustellen und reale Tätigkeitsinhalte sowie vorherrschende Rahmenbedingungen transparent zu kommunizieren. Lösungen und Argumentationen für die Daseinsberechtigung der Berufsgruppe der Pflege sollten gemeinsam mit allen Beteiligten entwickelt werden.

7.1 Einfluss der Pflegekräfte

Jede einzelne Pflegekraft steht ebenfalls in der Pflicht Äußerungen in der Öffentlichkeit dahingehend zu tätigen, dass die Wahrnehmung des Pflegeberufes in eine positive Richtung beeinflusst wird (vgl. Eligehausen, Hommel 2012: 83). Pflegende sind angehalten, über ihren Beruf in wertschätzender, weitsichtiger Art und Weise zu sprechen und diesen „endlich stolz und positiv in der Öffentlichkeit [zu] präsentieren" (Eligehausen, Hommel 2012: 81). Somit sollten insbesondere positive Aspekte der Pflegetätigkeit sowie die Ansicht der Pflege als moderne Dienstleistung hervorgehoben werden. Um von der Öffentlichkeit und der Politik wahrgenommen zu werden, ist es notwendig, dass Pflegende sich vernetzen, sich auf berufspolitischer Ebene engagieren und trotz der oftmals widrigen Rahmenbedingungen keine Resignation an den Tag legen (vgl. Eligehausen, Hommel 2012: 83).

Vielen Pflegenden ist nicht bewusst, dass sie in der Lage sind ihr Berufsbild aktiv zu beeinflussen. In diesem Zusammenhang ist hervorzuheben, dass das Verständnis der Pflege als „Liebestätigkeit" abgelöst wird durch eine Sicht dieses Berufes als zeitgemäße Form der Dienstleistung im Gesundheitswesen. Die Selbstverständlichkeit, für eine verhältnismäßig geringe Bezahlung bei stetig steigender Arbeitsbelastung im Pflegesektor tätig zu sein, darf nicht länger stillschweigend hingenommen werden (vgl. Sperl 1996: 148). Anstatt aus dem Pflegeberuf frühzeitig auszusteigen und die Berufssparte zu wechseln, sollten Pflegekräfte anfangen, ihre „Leistung .. der Bezahlung" anzupassen (Sperl 1996: 148). Vor allem aufgrund der Historie des Pflegeberufes, ist es für diese Berufsgruppe nicht leicht, zielgerichtet auf politischer Ebene Position zu beziehen. Derzeit ist die pflegerische Berufsgruppe die „einzige Berufsgruppe im Gesundheitswesen, [die] auf etwas für alle anderen Selbstverständliches verzichte[t] ... [und lieber flüchtet] als Arbeit zu ganz **normalen** Bedingungen [einzufordern]" (Sperl 1996: 148; Herv. d. Verf.). Die Pflege ist nach wie vor bereit, zu „den unmöglichsten Bedingungen zu arbeiten" (Sperl 1996: 149). Es braucht engagierte Pflegekräfte, die den Mut haben zu kämpfen und die Erkenntnis erlangt haben, dass sich die Arbeitsbedingungen nur ändern können, wenn an einer Tätigkeit in diesem Beruf festgehalten wird und Engagement auf höchster Ebene zum Einsatz kommt (vgl. Sperl 1996: 149).

7.2 Öffentlichkeitsarbeit für den Pflegeberuf

Bislang mangelt es der Pflege an positiver öffentlichkeitswirksamer Darstellung der eigenen Berufsgruppe. Eine klare Kommunikation hinsichtlich der „Inhalte von Pflegetätigkeiten" oder der verstärkten „Teilnahme und Teilhabe an PR-Maßnahmen", um von der Gesellschaft wahrgenommen zu werden, ist bis heute eher ausgeblieben (Eligehausen, Hommel 2012: 83). Ebenso müssen positive Meldungen über die Pflege in den Medien gefördert und unterstützt werden. Bisher wurde die Pflege in den meisten Fällen lediglich als Kostenfaktor dargestellt und war zudem in zahlreichen Skandalen verwickelt (vgl. Kumbruck et al. 2010: 186). So sind die Berufsverbände verantwortlich für eine stärkere positive Kommunikation nach außen, denn sie vertreten die Pflege in der Öffentlichkeit. An dieser Stelle müssten sich die Sichtweisen auf die Verbandsaufgaben verändern, hinweg von der Kommunikation über „Arbeitssituation und .. Einkommen" und hin zu mehr Klärung und Transparenz der pflegerischen Inhalte (Eligehausen, Hommel 2012: 83).

Sicherlich mag es aktuell noch schwierig sein, in einer Gesellschaft, „die auf Fitness und Funktionstüchtigkeit gedrillt[e]" ist, die Notwendigkeiten und Erfordernisse von Pflege im positiven Sinne zu vermitteln (Kumbruck et al. 2010: 186 f.).
Unabhängig von dieser Ausgangssituation, sollte der Grundsatz gelten: „Egal wie weit der Weg ist, man muss den ersten Schritt tun" (Mao Tse Tung).

Literaturverzeichnis

Achenbach, W. (2003): Personalmanagement für Führungs- und Fachkräfte – Theoretische Grundlagen und Strategieentwicklung. Wiesbaden: GWV.

Andrist, L.; Nicholas, P. K.; Wolf, K. A. (2006): A History of Nursing Ideas. London: Jones and Bartlett.

Basavanthappa, B.T. (2004): Fundamentals of Nursing. 2. Auflage, New Dehli: Jaypee.

Basford, L.; Slevin, O. (2003): Theory and Practice of Nursing – An integrated approach to caring practice. 2. Auflage, Cheltenham: Nelson Thornes.

Berufsgenossenschaft für Gesundheitsdienst und Wohlfahrtspflege (BGW) (2009): Älter werden im Pflegeberuf – Fit und motiviert bis zur Rente – eine Handlungshilfe für Unternehmen. Stand 01/2012.

Bischoff-Wanner, C. (2000): Pflege im historischen Vergleich. In: Rennen-Allhoff, B.; Schaeffer, D. (Hrsg.) (2000): Handbuch Pflegewissenschaft. München: Juventa.

Blättner, B. (2008): Kompetenzprofil für die Gesundheitsförderung. In: Rásky, È. (2008): Gesundheitsprofi(l) für die Pflege – Pflegewissenschaft in den Berufsalltag: Möglichkeiten auf dem Gesundheitsmarkt. Wien: Facultas.

Blüher, S.; Stosberg, M. (2005): Pflege im Wandel veränderter Versorgungsstrukturen: Pflegeversicherung und ihre gesellschaftlichen Konsequenzen. In: Schroeter, K. R.; Rosenthal, T. (Hrsg.) (2005): Soziologie der Pflege – Grundlagen, Wissensbestände und Perspektiven. München: Juventa.

Bögemann-Großheim, E. (2011): Pflegewissenschaft II – Bildungs- und Berufswege in Deutschland. Studienbrief der Hamburger Fern-Hochschule.

Borsi, G. M. (o.J.): Pflegemanagement I – Herausforderungen an das moderne Pflegemanagement. Studienbrief der Hamburger Fern-Hochschule.

Braun, B.; Buhr, P.; Klinke, S.; Müller, R.; Rosenbrock, R. (2009): Einfluss der DRGs auf Arbeitsbedingungen und Versorgungsqualität. In: Rau, F.; Roeder, N.; Hensen, P. (Hrsg.) (2009): Auswirkungen der DRG-Einführung in Deutschland – Standortbestimmung und Perspektiven. Stuttgart: Kohlhammer.

Breyer, F.; Zweifel, P.; Kifmann, M. (2005): Gesundheitsökonomik. 5. Auflage, Heidelberg: Springer.

Briefs, G. (1980): Ausgewählte Schriften – Erster Band. Berlin: Dunkler & Humblot.

Budnik, B. (2005): Pflegeplanung leicht gemacht – Für die Gesundheits- und Krankenpflege. 5. Auflage, München: Elsevier.

Büker, C. (2009): Pflegende Angehörige stärken – Information, Schulung und Beratung als Aufgaben der professionellen Pflege. Stuttgart: Kohlhammer.

Bundesärztekammer (2013): Aufgaben der Bundesärztekammer. Online in Internet: „URL: http://www.bundesaerztekammer.de/page.asp?his=0.1.13 [Stand: 02.06.2013]".

Bundesministerium für Bildung und Forschung (2012): Der Bologna-Prozess: eine europäische Erfolgsgeschichte. Online in Internet: „URL: http://www.bmbf.de/de/3336.php [Stand: 05.06.2013]".

Bürki, C. O. (2008): Fachhochschulen Gesundheit in der Schweiz - Konzeption und Aufbau im Umfeld der allgemeinen Fachhochschulentwicklung. Bern: Peter Lang.

Cholewa, M. (2012): Die Krankenhausversorgung im Wandel – Neue Handlungsfelder für die Pflege? In: Mühlbauer, B. H.; Kellerhoff, F.; Matusiewicz, D. (Hrsg.) (2012): Gesundheitsökonomie: Politik und Management – Zukunftsperspektiven der Gesundheitswirtschaft. Berlin: LIT.

D'Antonio, P. (2010): American Nursing – A History of Knowledge, Authority, and the Meaning of Work. Maryland: Johns Hopkins University.

DBfK (2008): Drohender Nachwuchsmangel: Arbeitsbedingungen in der Pflege unattraktiv für Schulabgänger. Online in Internet: „URL: http://www.dbfk.de/pressemitteilungen/wPages/index.php?action=showArticle&article=Artikel-neu.php [Stand: 22.05.2013]".

DEKV e.V. (Hrsg.) (2004): Zukunftsorientierte Pflegeausbildung – Studie des Deutschen Evangelischen Krankenhausverbandes e.V. (DEKV) zur Qualität der Ausbildung an evangelischen Pflegeschulen. Hannover: Schlütersche.

DEVAP (2012): Diakonie Deutschland und DEVAP fordern mehr Anerkennung für Pflegeberufe. Online in Internet: „URL: http://www.devap.info/meldung-im-detail/article/diakonie-deutschland-und-devap-fordern-mehr-anerkennung-fuer-pflegeberufe/ [Stand: 17.01.2013]".

Deutsches Institut für angewandte Pflegeforschung e.V. (dip) (2002): Pflege-Thermometer 2002 - Frühjahrsbefragung zur Lage und Entwicklung des Pflegepersonalwesens in Deutschland. Online in Internet: „URL: http://www.ag-mav.de/cweb/cgi-bin-noauth/cache/VAL_BLOB/1993/1993/3399/pflegethermometer.pdf [Stand: 15.02.2013]".

Deutsches Institut für angewandte Pflegeforschung e.V. (dip) (2012): Pflege-Thermometer 2012 - Eine bundesweite Befragung von Leitungskräften zur Situation der Pflege und Patientenversorgung auf Intensivstationen im Krankenhaus. Köln: dip.

Deutscher Pflegerat (2013): Struktur. Online in Internet: „URL: http://www.deutscher-pflegerat.de/struktur.html [Stand: 04.06.2013]".

Dievernich, F. E.P.; Endrissat, N. (2010): Work-Life Balance im Demographie-Kontext. In: Kaiser, S.; Ringlstetter, M. (Hrsg.) (2010): Work-Life Balance – Erfolgversprechende Konzepte und Instrumente für Extremjobber. Heidelberg: Springer.

Eligehausen, S.; Hommel, T. (2012): Mitarbeiterbindung durch gutes Image und Marketing nach außen. In: Bechtel, P.; Smerdka-Arhelger, I. (Hrsg.) (2012): Pflege im Wandel gestalten – Eine Führungsaufgabe - Lösungsansätze, Strategien, Chancen. Heidelberg: Springer.

Erler, G. A. (2012): Schluss mit der Umerziehung! – Vom artgerechten Umgang mit den Geschlechtern. Wie Frauen in Unternehmen endlich aufsteigen und Jungen in der Schule nicht weiter abstürzen. München: Heyne. Ebook.

Focus Online (2013): Nachwuchsmangel in der Pflege: Junge Spanier lernen in MV. Online in Internet: „URL: http://www.focus.de/regional/rostock/gesundheit-nachwuchsmangel-in-der-pflege-junge-spanier-lernen-in-mv_aid_983211.html [Stand: 22.05.2013].

Fölsch, D. (2008): Ethik in der Pflegepraxis – Anwendung moralischer Prinzipien im Pflegealltag. Wien: Facultas.

Frerichs, F. (2009): Demografischer Wandel und Altersgrenzenanhebung: Anforderungen an ein betriebliches Alternsmanagement. In: Richter, G. (Hrsg.) (2009): Generationen gemeinsam im Betrieb – Individuelle Flexibilität durch anspruchsvolle Regulierungen. Bielefeld: Bertelsmann.

Frey, R.; Cooper, L. S. (1996): Introduction to Nursing Assisting: Building Language Skills. New York: Delmar.

Fricke, A. (2013): Ausbildungsoffensive hat für die Pflege höchste Priorität. In: ÄrzteZeitung (Nr. 15 vom 25./26.01.2013).

Friesacher, H. (2008): Theorie und Praxis pflegerischen Handelns - Begründung und Entwurf einer kritischen Theorie der Pflegewissenschaft. Göttingen: V & R.

Gabler Wirtschaftslexikon (2013): Kassenärztliche Vereinigung. Online in Internet: „URL: http://wirtschaftslexikon.gabler.de/Definition/kassenaerztliche-vereinigung-kv.html [Stand: 02.06.2013].

Gaede, K. (2012): Gehälter in der Pflege – Der Markt wird's richten. In: kma. Das Gesundheitswirtschaftsmagazin (Nr. 17/12: 52-54).

Gemeinsamer Bundesausschuss (2013): Institution. Online in Internet: „URL: http://www.g-ba.de/ [Stand: 05.06.2013]".

Gethmann, C. F.; Gerok, W.; Helmchen, H.; Henke, K.-D.; Mittelstraß, J.; Schmidt-Aßmann, E.; Stock, G.; Taupitz, J.; Thiele, F. (Hrsg.) (2005): Gesundheit nach Maß? – Eine transdisziplinäre Studie zu den Grundlagen eines dauerhaften Gesundheitssystems. Berlin: Akademie.

Gesundheitsberichterstattung des Bundes (2013): Beschäftigte im Gesundheitswesen in 1.000. Gliederungsmerkmale: Jahre, Deutschland, Alter, Geschlecht, Art der Beschäftigung, Berufe. Online in Internet: „URL: http://www.gbe-bund.de/oowa921-install/servlet/oowa/aw92/dboowasys921.xwdevkit/xwd_init?gbe.isgbetol/xs_start_neu/&p_aid=i&p_aid=3925136&nummer=85&p_sprache=D&p_indsp=-&p_aid=13374021 [Stand: 10.02.2013]".

Grenzer, O. (2012): Hygiene-Skandal: Bitterer Beigeschmack. Online in Internet: „URL: http://www.aerzteblatt.de/archiv/119924/Hygiene-Skandal-Bitterer-Beigeschmack [Stand: 22.05.2013]".

Grewe, A.; Stahl, S. (2008): Die akademisierte Pflegeausbildung in Deutschland. In: Ráski, È. (Hg.) (2008): Gesundheitsprofi(l) für die Pflege - Pflegewissenschaft in den Berufsalltag: Möglichkeiten auf dem Gesundheitsmarkt. Wien: Facultas.

Gruber, E.; Kastner, M. (2005): Gesundheit und Pflege an die Fachhochschule? Wien: Facultas.

Handelsblatt (2013): Firmen klagen über offene Stellen. Online in Internet: „URL: http://www.handelsblatt.com/politik/deutschland/nachwuchsmangel-firmen-klagen-ueber-offene-lehrstellen/4329662.html [Stand: 17.01.2013]".

Hanika, H. (2012): Pflegeaufgabenprofile in Europa versus Entwicklungen in der Bundesrepublik Deutschland. In: PflegeRecht. Zeitschrift für Rechtsfragen in der stationären und ambulanten Pflege (Nr. 16/11: 694-703).

Haseborg, F.; Zastrau, R. (2005): Qualität, Markenbildung und Krankenhauswahlentscheidung – Implikationen der neuen Qualitätstransparenz für das Krankenhaus-Marketing. In: Klauber, J; Robra, B.-P.; Schellschmidt von Schattauer, H. (Hrsg.) (2005): Krankenhaus-Report 2004 – Schwerpunkt: Qualitätstransparenz. Stuttgart: Schattauer.

Hasseler, M.; Meyer, M. (2006): Prävention und Gesundheitsförderung – Neue Aufgaben für die Pflege – Grundlagen und Beispiele. Hannover: Schlütersche.

Haubrock, M. (2012): Sozioökonomische Herausforderungen für die Pflege. In: Bechtel, P.; Smerdka-Arhelger, I. (Hrsg.) (2012): Pflege im Wandel gestalten – Eine Führungsaufgabe – Lösungsansätze, Strategien, Chancen. Heidelberg: Springer.

Hein, B. (2007): Krankenpflegehilfe – Altenpflegehilfe – Lehrbuch für die Pflegeassistenz. München: Elsevier.

Heisig, U. (2009): Wandel von Arbeitsperspektiven zwischen den Generationen. In: Richter, G. (Hrsg.) (2009): Generationen gemeinsam im Betrieb – Individuelle Flexibilität durch anspruchsvolle Regulierungen. Bielefeld: Bertelsmann.

Heusel, C. (o.J.): Demografischer Wandel in der Altenpflege - Gestaltungsansätze für die Praxis. In: Loebe, H.; Severing, E. (Hrsg.) (o.J.): Zukunftsfähig im demografischen Wandel. Bielefeld: Bertelsmann.

Hiemetzberger, M.; Messner, I.; Dorfmeister, M. (2010): Berufsethik und Berufskunde – Ein Lehrbuch für Pflegeberufe. 2., aktualisierte Auflage, Wien: Facultas.

Höfert, R. (2009): Von Fall zu Fall – Pflege im Recht. 2. Auflage, Heidelberg: Springer.

Hornung, R.; Lächler, J. (2006): Psychologisches und soziologisches Grundwissen für Gesundheits- und Krankenpflegeberufe. 9. Auflage, Weinheim und Basel: Beltz.

Institut für Demoskopie Allensbach (2012): MLP-Gesundheits-Report 2012/13. Online in Internet: „URL: http://www.mlp-ag.de/homepage2010/ servlet/contentblob/534846/data/praesentation.pdf [Stand: 14.04.2013]".

Isfort, M.; Weidner, F. (2009): DRG-Einführung in der pflegewissenschaftlichen Betrachtung. In: Rau, F.; Roeder, N.; Hensen, P. (Hrsg.) (2009): Auswirkungen der DRG-Einführung in Deutschland – Standortbestimmung und Perspektiven. Stuttgart: Kohlhammer.

Isfort, M. (2011): Professionelles Pflegehandeln. In: Menche, N.; Lektorat Pflege (2011): Repetitorium Pflege Heute: Passend zur 5. Auflage. 3. Auflage, München: Elsevier.

Jacobs, P. (2012): Misere der Pflege – 60 Jahre Pflegenotstand: Ein Blick zurück im Zorn. In: Die Schwester Der Pfleger 12/07: „URL: https://www.station24.de/personalmanagement/-/content/detail/700115 [Stand: 03.02.2013]".

Judd, D.; Sitzman, K.; Davis, G. M. (2010): A history of american nursing – trends and eras. United Kingdom: Jones and Bartlett.

Kanning, U. P. (1997): Selbstwertdienliches Verhalten und soziale Konflikte. Münster: Waxmann.

Kelm, R. (2008): Arbeitszeit- und Dienstplangestaltung in der Pflege. 3., überarbeitete Auflage, Stuttgart: Kohlhammer.

Keuchel, R. (2007): Pflegeausbildung heute: Die Perspektive heißt Bildung. In: Falk, J.; Keuchel, R. (Hrsg.) (2007): Moderne Pflegeausbildung heute – Bildungstheoretische Orientierungen und bewährte Praxisbeispiele für den Unterricht. München: Juventa.

Kirchner, H.; Kirchner, W. (2009): Professionelles Management im Krankenhas – Erste Hilfe für leitende Ärztinnen und Ärzte. Stuttgart: Thieme.

Kleinevers, S. (2004): Sexualität und Pflege – Bewusstmachung einer verdeckten Realität. Hannover: Schlütersche.

Krause, K. (2007): Studienführer Pflege- und Gesundheitswissenschaften. 7., aktualisierte Auflage, Hannover: Schlütersche.

Kreimer, R. (2004): Altenpflege: menschlich, modern und kreativ - Grundlagen und Modelle einer zeitgemäßen Prävention, Pflege und Rehabilitation. Hannover: Schlütersche.

Kremer, A. (2008): Gründe für die Übersiedlung in stationäre Pflege bei alten Menschen – Eine multiperspektivische Betrachtung – Diplomarbeit. Norderstedt: GRIN.

Kretzenbacher, H. L.; Segebrecht, W. (1991): Vom Sie zum Du – mehr als eine neue Konvention?. Hamburg: Luchterhand.

Kumbruck, C.; Rumpf, M.; Senghaas-Knobloch, E. (2010): Unsichtbare Pflegearbeit – Fürsorgliche Praxis auf der Suche nach Anerkennung. Berlin: LIT.

Kußmaul, J.; Vater, A. (2011): Pflegeplanung – Formulierungen für Altenheim – Ambulante Pflege – Krankenhaus. Stuttgart: Thieme.

Landenberger, M.; Stöcker, G.; Filkins, J.; de Jong, A.; Them, C. et al. (2005): Ausbildung der Pflegeberufe in Europa – Vergleichende Analyse und Vorbilder für eine Weiterentwicklung in Deutschland. Hannover: Schlütersche.

Lauber, A. (2012): Grundlagen beruflicher Pflege – Verstehen und pflegen. Band 1. 3. Auflage, Stuttgart: Thieme.

Lopin, M. (2008): Spanglish – Ein Beispiel für spanisch-englisches Code-Switching? – Eine Untersuchung am Beispiel des „Don Quijote" auf Spanglish – Bachelorarbeit. Norderstedt: GRIN.

Loffing, D.; Loffing, Chr. (2010): Mitarbeiterbindung ist lernbar – Praxiswissen für Führungskräfte in Gesundheitsfachberufen. Heidelberg: Springer.

Lüthy, A.; Buchmann, U. (2009): Marketing als Strategie im Krankenhaus – Patienten- und Kundenorientierung erfolgreich umsetzen. Stuttgart: Kohlhammer.

Marburger Bund (2013): Der Marburger Bund. Online in Internet: „URL: http://www.marburger-bund.de/ [Stand: 02.06.2013]".

Marburger Bund (2013a): Geschichte. Online in Internet: „URL: http://www.marburger-bund.de/der-marburger-bund/geschichte [Stand: 04.06.2013]".

Marckmann, G. (2005): Rationalisierung und Rationierung – Allokation im Gesundheitswesen zwischen Effizienz und Gerechtigkeit. In: Kick, H. A.; Taupitz, J. (Hsrg.): Gesundheitswesen zwischen Wirtschaftlichkeit und Menschlichkeit. Münster: LIT.

Mayer, H. (2010): Die Etablierung der Pflegewissenschaft an der Universität Wien – von der Ausnahme zur Normalität. Eine erfahrungsbasierte Rück- und Vorschau. In: Brandstetter, M.; Vyslouzil, M. (2010): Soziale Arbeit im Wissenschaftssystem – Von der Fürsorgeschule zum Lehrstuhl. Wiesbaden: Springer.

Meggeneder, O. (2000): Betriebliche Gesundheitsförderung – Konzepte und Berichte aus der Praxis. In: Dietscher, C.; Nowak, P.; Pelikan, J. M. (Hrsg.) (2000): Das Krankenhaus als gesundheitsfördernder Arbeitsplatz. Wien: Facultas.

Meiwes, R. (2008): Katholische Frauenkongregationen und die Krankenpflege im 19. Jahrhundert. In: Gerhard, U. (Hrsg.) (2008): L'HOMME – Sich sorgen – Care. Köln: Böhlau.

Menche, N. (2006): Repetitorium Pflege heute. 3. Auflage, München: Elsevier.

Menker, K.; Waterboer, C. (Hrsg.) (2006): Pflegetheorie und -praxis – Altenpflege konkret. 2. Auflage, München: Elsevier.

Mettrop, S. (2007): Gewerkschaften, Berufsverbände und Organisationen der Altenpflege. In: Charlier, S. (Hrsg.) (2007): Altenpflege professionell – Soziale Gerontologie. Stuttgart: Thieme.

Milisen, K.; Abraham, I.; De Maesschalck, L. (2004): Die Pflege von älteren Menschen: Eine Betrachtung aus der Sicht der professionellen Pflege. In: Milisen, K.; De Maesschalck, L.; Abraham, I. (Hrsg.) (2004): Die Pflege alter Menschen in speziellen Lebenssituationen – modern – wissenschaftlich – praktisch. Heidelberg: Springer.

MLP (2013): Unternehmensprofil. Meilensteine. Online in Internet: „URL: http://www.mlp-ag.de/#/unternehmensprofil/meilensteine [Stand: 29.09.2013]".

Mücke, H. (1993): Praktische Weiterentwicklung. In: Münch, G.; Reitz, J. (Hrsg.) (1993): Lehrbuch für Krankenpflege – Ein prinzip- und praxisorientiertes Arbeitsbuch. Berlin: De Gruyter.

Mühlbauer, B. H.; Rottländer, C.; Buschner, G. (2002): Prozessmanagement im Krankenhaus am Vorabend der DRG-Einführung. In: Mühlbauer, B. H.; Geisen, R. (Hrsg.) (2002): Herausforderung DRG – Das Krankenhaus zwischen Qualitäts- und Kostenmanagement. Münster: LIT.

Nahrwold, J. (2011): Der Beitrag beruflicher Fortbildung zur Entwicklung einer innerbetrieblichen Gesundheitsförderung im Krankenhaus. In: Bonse-Rohmann, M.; Burchert, H. (Hrsg.) (2011): Berichte zur beruflichen Bildung – Neue Bildungskonzepte für das Gesundheitswesen. Bielefeld: Bertelsmann.

Neumann, M. (2009): Berufsspezifische Entwicklung der Pflege – vom Helfer zur Profession. In: Von Reibnitz, C. (2009): Case Management: praktisch und effizient. Heidelberg: Springer.

Newscode (2011): Eigene Pflege Gewerkschaft – Deutscher Pflegerat droht Verdi. Online in Internet: „URL: http://www.newscode.de/blog/eigene-pflegegewerkschaft-deutscher-pflegerat-droht-verdi/6204.html [Stand: 03.02.2013]".

Organisation For Economic Cooperation And Development (Hrsg.) (2006): OECD-Berichte über Gesundheitssysteme – Schweiz. Paris: OECD.

Papenhoff, M.; Schmitz, F. (2009): BWL für Mediziner im Krankenhaus – Zusammenhänge verstehen – Erfolgreich argumentieren. Heidelberg: Springer.

Pinnow, D. F. (2012): Führen – Worauf es wirklich ankommt. 6. Auflage, Wiesbaden: Springer.

Repschläger, U. (2009): Entwicklungen und Ausgabenfaktoren im Krankenhausbereich. In: Rau, F.; Roeder, N.; Hensen, P. (Hrsg.) (2009): Auswirkungen der DRG-Einführung in Deutschland – Standortbestimmung und Perspektiven. Stuttgart: Kohlhammer.

Robert Bosch Stiftung (1996): Beiträge zur Gesundheitsökonomie 28 – Pflege braucht Eliten – Denkschrift zur Hochschulausbildung für Lehr- und Leitungskräfte in der Pflege. 5. Auflage, Gerlingen: Bleicher.

Robert Bosch Stiftung (2001): Pflege neu denken – Zur Zukunft der Pflegeausbildung. 1. Nachdruck, Stuttgart: Schattauer.

Robert Bosch Stiftung (2011): Ausbildung für die Gesundheitsversorgung von morgen. Stuttgart: Schattauer.

Rosenbrock, R. (2000): Gesundheitspolitische Rahmenbedingungen. In: Rennen-Allhoff, B.; Schaeffer, D. (Hrsg.) (2000): Handbuch Pflegewissenschaft. München: Juventa.

Rüegger, H.; Sigrist, C. (2011): Diakonie – Eine Einführung – Zur theologischen Begründung helfenden Handelns. Zürich: TVZ.

Runde, A.; Da Cruz, P.; Schwegel, P. (2012): Talentmanagement. Innovative Strategien für das Personalmanagement von Gesundheitseinrichtungen. Heidelberg: medhochzwei.

Sambale, M. (2005): Empowerment statt Krankenversorgung – Stärkung der Prävention und des Case Management im Strukturwandel des Gesundheitswesens. Hannover: Schlütersche.

Sarnecky, M. T. (1999): A history of the U.S. army nurse corps. Pennsylvania: Henry M. Jackson.

Schäfer, W.; Jacobs, P. (2009): Praxisleitfaden Stationsleitung – Handbuch für die stationäre und ambulante Pflege. 3., vollständig überarbeitete Auflage, Stuttgart: Kohlhammer.

Schambortski, H. (2006): Mitarbeitergespräche in der Pflege – Praktischer Ratgeber für das Management. München: Elsevier.

Schaupp, K. (2012): Her mit den Abiturienten! In: kma. Das Gesundheitswirtschaftsmagazin (Nr. 17: 13).

Schliz, K. (2010): Zur Bedeutung der Gesundheitswissenschaft für die Pflege am Beispiel der Gesundheitsförderung – Studienarbeit. Norderstedt: GRIN.

Schlüter, W. (2001): Vom Insassen zum Kunden – den Wandel gestalten durch lernende Organisationen. In: Poser, M.; Schlüter, W. (Hrsg.) (2001): Kundenorientierung & Beschwerdemanagement in der ambulanten und stationären Altenpflege. München: Neuer Merkur.

Schmidt-Herholz, D. U. (2009): Strategien und Tools zur Konfliktlösung. In: Ansorg, J.; Diemer, M.; Heberer, J.; Tsekos, E.; von Eiff, W. (Hrsg.) (2009): OP-Management. 2., erweiterte und aktualisierte Auflage, Berlin: MWV.

Schmidt-Jortzig, E. (2009): Der verfassungsrechtliche Rahmen des ärztlichen Handelns. In: Katzenmeier, C.; Bergdolt, K. (2009): Das Bild des Arztes im 21. Jahrhundert. Heidelberg: Springer.

Schmiegel, F. (2011): Erfahrungsbericht – Pflegen in der Schweiz. In: Die Schwester Der Pfleger 08/11: „URL: https://www.station24.de/pflegeallgemein/-/content/detail/459239 [Stand: 21.03.2013]".

Schneider, A. (2003): Staatsbürger-, Gesetzes- und Berufskunde für Fachberufe im Gesundheitswesen. 6. Auflage, Heidelberg: Springer.

Schneider, B. (2011): Fleißige Frauen arbeiten, schlaue steigen auf – Wie Frauen in Führung gehen. 2. Auflage, München: Goldmann.

Schroeder, W.; Kalass, V.; Greef, S. (2011): Berufsgewerkschaften in der Offensive – Vom Wandel des deutschen Gewerkschaftsmodells. Wiesbaden: Springer.

Schroeter, K. R. (2006): Das soziale Feld der Pflege – Eine Einführung in Strukturen, Deutungen und Handlungen. Weinheim, München: Juventa.

Schubert, C. (2008): (Un-)Sicherheiten der organisierten Apparatemedizin. Vergleichende Beobachtungen der Anästhesie als sozio-technischer Praxis. In: Saake, I.; Vogd, W. (Hrsg.) (2008): Moderne Mythen der Medizin – Studien zur organisierten Krankenbehandlung. Wiesbaden: GWV.

Schulte, M. (2012): Generation Y – Warum ein gerechtes Vergütungsmanagement die Attraktivität des Arbeitgebers steigert – Eine Befragung von Nachwuchskräften. Hamburg: Diplomica.

Schwarz, R. (2009): Supervision und professionelles Handeln Pflegender. Wiesbaden: VS.

Schwenk, M. (2005): Professionalisierung der Pflege – Diplomarbeit. Norderstedt: GRIN.

Simon, M. (2007): Stellenabbau im Pflegedienst der Krankenhäuser – Eine Analyse der Entwicklung zwischen 1991 und 2005. Hannover: Blumhardt.

Simon, M. (2011): Gesundheitspolitische und ökonomische Rahmenbedingungen der Pflege. In: Schaeffer, D.; Wingenfeld, K. (Hrsg.) (2011): Handbuch Pflegewissenschaft. München: Juventa.

Sperl, D. (1996): Qualitätssicherung in der Pflege – Validierte Pflege im Krankenhaus unter besonderer Berücksichtigung der Intensivpflege. 2., überarbeitete Auflage, Hannover: Schlütersche.

Stadelhofer, E. (2001): Klinik-Management – Leitung – Führung – Marketing. Hannover: Schlütersche.

Statistische Ämter des Bundes und der Länder (2010): Demografischer Wandel in Deutschland - Auswirkungen auf Krankenhausbehandlungen und Pflegebedürftige im Bund und in den Ländern, Ausgabe 2010. Statistisches Bundesamt: Wiesbaden.

Statistisches Bundesamt (Hrsg.) (2013): Pflegestatistik 2011 - Pflege im Rahmen der Pflegeversicherung Deutschlandergebnisse. Wiesbaden: Statistisches Bundesamt.

Stöcker, G. (2002): Bildung und Pflege – Eine berufs- und bildungspolitische Standortbestimmung. Hannover: Schlütersche.

Tagesspiegel (2011): Streit um die Versorgung der Pflegebedürftigen – „So schlimm war es noch nie". Online in Internet: „URL: http://www.tagesspiegel.de/politik/streit-um-die-versorgung-der-pflegebeduerftigen-so-schlimm-war-es-noch-nie/3798426.html [Stand: 03.02.2013]".

Teigeler, B.; Lücke, S. (2012): Pflegepolitik – „Die Pflege ist viel besser als ihr Ruf". In: Die Schwester Der Pfleger (Nr. 09/12: 858-864).

Teigeler, B. (2012): Pflegeausbildung – „Wir brauchen eine Vollakademisierung". In: Die Schwester Der Pfleger (Nr. 10/12: 1022-1025).

Tölken, C. (2007): Alternde Belegschaften in einer alternden Gesellschaft – Herausforderung für das Personalmanagement. In: König, J.; Oerthel, Ch.; Puch, H.-J. (2007): Mehrwert des Sozialen – Gewinn für die Gesellschaft – ConSozial 2006. München: Buch&media.

Töpfer, A.; Großekatthöfer, J. (2006): Analyse der Prozesslandschaft und Prozesssteuerung als Erfolgsvoraussetzung. In: Albrecht, M.; Töpfer, A. (2006): Erfolgreiches Changemanagement im Krankenhaus – 15-Punkte Sofortprogramm für Kliniken. Heidelberg: Springer.

Universität Bremen (2010): Institut für Public Health und Pflegeforschung: „Imagekampagne für Pflegeberufe auf der Grundlage empirisch gesicherter Daten" - Einstellungen von Schüler/innen zur möglichen Ergreifung eines Pflegeberufes - Ergebnisbericht – Zeitraum: Juli 2009 – Dezember 2009. Online in Internet: „URL: http://www.public-health.uni-bremen.de/pages/projekte/ projektBeschreibung.php?SPRACHE=de&projektId=97 [Stand: 15.02.2013]".

Völkel, I. (2005): Praxisanleitung in der stationären und ambulanten Altenpflege. München: Elsevier.

Von Kettler, B. (2010): (R)evolution der Arbeit – Warum Work-Life Balance zum Megathema wird und sich trotzdem verändert. Wie konkrete Handlungsempfehlungen und gezielte Projekte aussehen. In: Kaiser, S.; Ringlstetter, M. (Hrsg.) (2010): Work-Life Balance – Erfolgversprechende Konzepte und Instrumente für Extremjobber. Heidelberg: Springer.

Wehler, H.-U. (2006): Deutsche Gesellschaftsgeschichte – 1949-1914. 2. Auflage, München: C.H. Beck.

Wehner, L. (2012): Dicke Luft – Konfliktmanagement in Gesundheitsberufen. Heidelberg: Springer.

Wirtschafts- und Sozialwissenschaftliches Institut in der Hans-Böckler-Stiftung (2012): Einkommens- und Arbeitsbedingungen in Pflegeberufen – Eine Analyse auf Basis der WSI-Lohnspiegel-Datenbank von Reinhard Bispinck, Heiner Dribbusch, Fikret Öz und Evelyn Stoll. Projekt Lohnspiegel.de: Arbeitspapier 07/2012.

Woopen, C. (2009): Der Arzt als Heiler und Manager – Zur erforderlichen Integration des scheinbar Unvereinbaren. In: Katzenmeier, C.; Bergdolt, K. (2009): Das Bild des Arztes im 21. Jahrhundert. Heidelberg: Springer.

Young, A.; Van Niekerk, C. F.; Mogotlane, S. (2007): Juta's Manual of Nursing. 5. Auflage, Lansdowne: Juta & Co. Ltd.

Zander, B.; Busse, R. (2012): Das Arbeitsumfeld als (Qualitäts-)Indikator für Patienten- und Pflegeergebnisse. In: Bechtel, P.; Smerdka-Arhelger, I. (Hrsg.) (2012): Pflege im Wandel gestalten – Eine Führungsaufgabe - Lösungsansätze, Strategien, Chancen. Heidelberg: Springer.

Anhang

1. Pflegeausbildung in der EU – Tabelle
2. Arbeitslos / gemeldete Arbeitsstellen Krankenpflege Dezember 2011 in Absolutangaben - Abbildung

Land	Zugangsvoraussetzungen		Status der Lernenden	System der Ausbildung		
	Alter	Allg. Schulabschluss		Dauer/ Jahre	Verortung	Abschluss
Belgien	18	12 Jahre	Student Azubi	4 3	Fachhochschule Berufsschule	Diplom (FH) Berufsdiplom
Dänemark		12 Jahre	Student	4	Fachhochschule	Diplom (FH)
Deutschland		10 Jahre	Azubi	3	Krankenpflegeschule/ Berufsfachschule	Examen
Estland		12 Jahre	Student	3,5	Universität	Bachelor of Nursing
Finnland		12 Jahre	Student	3,5	Universität	Bachelor of Nursing
Frankreich		12 Jahre	Student	3	Akademie	Berufsdiplom
Griechenland		12 Jahre	Student	4	Universität	Bachelor of Nursing
Großbritannien: England/ Nordirland/ Schottland/ Wales	17,5	12 Jahre	Student	3 4	Universität/College	Diploma in Higher Education Bachelor of Nursing
Irland (Republik)		13 Jahre	Student	3	Universität/College	Bachelor of Nursing
Italien		12 Jahre	Student	3	Universität	Bachelor of Nursing
Lettland		12 Jahre	Student	3	Universität	Bachelor of Nursing
Litauen		12 Jahre	Student	3	Universität	Bachelor of Nursing
Luxemburg		12 Jahre	Student	3	Technisches Lyzeum	Berufsdiplom und Abitur
Malta		12 Jahre	Student	4	Universität/College	Universitätsdiplom
Niederlande	17	12 Jahre	Student Azubi	4	Fachhochschule Berufsschule	Bachelor of Nursing Berufsdiplom
Österreich	17	10 Jahre	Schüler	3	Krankenpflegeschule als BMS	Berufsdiplom Berufsreifeprüfung
Polen		12 Jahre	Student	4	Universität	Bachelor of Nursing
Portugal		12 Jahre	Student	4	Universität	Bachelor of Nursing
Schweden		12 Jahre	Student	3	Universität/College	Universitätsdiplom Berufsdiplom
Slowakien		12 Jahre	Student	3	Universität	Bachelor of Nursing
Slowenien		12 Jahre	Student	3	Universität	Bachelor of Nursing
Spanien		12 Jahre	Student	3	Universität/College	Universitätsdiplom
Tschechien		12 Jahre	Student	4	Universität	Bachelor of Nursing
Ungarn	18	12 Jahre	Student	3 bzw. 4	Universität	Bachelor of Nursing
Zypern		12 Jahre	Student	3,25	Universität	Bachelor of Nursing

Abbildung nach Roßbruch (Fn. 1), S. 24. Da noch keine verifizierten Daten der beiden neuen EU-Mitgliedsstaaten Bulgarien und Rumänien vorliegen, beinhaltet die vorliegende Grafik nur die Daten der ehemals 25 Mitgliedsstaaten der Europäischen Union.

Abb. 6 Pflegeausbildung in der EU. – Quelle: Hanika 2012: 697.

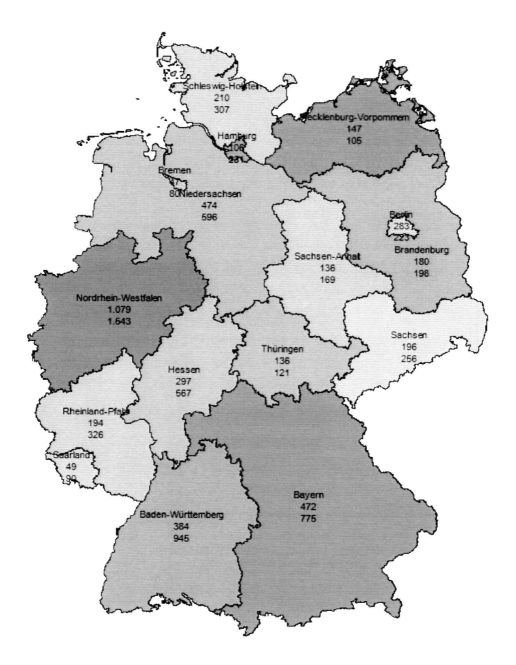

Abb. 7 Arbeitslos / gemeldete Arbeitsstellen Krankenpflege Dezember 2011 in Absolutangaben – Quelle: dip 2012: 20.